C000298994

Die Kavallerie in der Schlacht an der Moskwa (von den Russen Schlacht bei Borodino genannt) am 7 September 1812. Nebst einigen ausführlichen Nachrichten über die Leistungen der 4. Kavallerie-Corps unter der Anführung des Generals Latour-Maubourg.

Carl Heinrich Roth von Schreckenstein

Die Kavallerie in der Schlacht an der Moskwa (von den Russen Schlacht
bei Borodino genannt) am 7 September 1812. Nebst einigen ausführlichen
Nachrichten über die Leistungen der 4. Kavallerie-Corps unter der
Anführung des Generals Latour-Maubourg. Mit einem Plane.

Roth von Schreckenstein, Carl Heinrich
British Library, Historical Print Editions
British Library
1858
8º.
9455.cc.15.

The BiblioLife Network

This project was made possible in part by the BiblioLife Network (BLN), a project aimed at addressing some of the huge challenges facing book preservationists around the world. The BLN includes libraries, library networks, archives, subject matter experts, online communities and library service providers. We believe every book ever published should be available as a high-quality print reproduction; printed on- demand anywhere in the world. This insures the ongoing accessibility of the content and helps generate sustainable revenue for the libraries and organizations that work to preserve these important materials.

The following book is in the "public domain" and represents an authentic reproduction of the text as printed by the original publisher. While we have attempted to accurately maintain the integrity of the original work, there are sometimes problems with the original book or micro-film from which the books were digitized. This can result in minor errors in reproduction. Possible imperfections include missing and blurred pages, poor pictures, markings and other reproduction issues beyond our control. Because this work is culturally important, we have made it available as part of our commitment to protecting, preserving, and promoting the world's literature.

GUIDE TO FOLD-OUTS, MAPS and OVERSIZED IMAGES

In an online database, page images do not need to conform to the size restrictions found in a printed book. When converting these images back into a printed bound book, the page sizes are standardized in ways that maintain the detail of the original. For large images, such as fold-out maps, the original page image is split into two or more pages.

Guidelines used to determine the split of oversize pages:

• Some images are split vertically; large images require vertical and horizontal splits.
• For horizontal splits, the content is split left to right.
• For vertical splits, the content is split from top to bottom.
• For both vertical and horizontal splits, the image is processed from top left to bottom right.

Die Kavallerie

in der

Schlacht an der Moskwa

(von den Russen

Schlacht bei Borodino

genannt)

am 7. September 1812.

Nebst

einigen ausführlichen Nachrichten

über die

Leistungen des 4. Kavallerie-Corps

unter der Anführung des

Generals Latour-Maubourg.

Von

Freiherrn Roth von Schreckenstein,

General der Kavallerie und commandirenden General des 7. Armee-Corps.

Errando discimus.

Mit einem Plane.

Münster,

Druck und Verlag der Aschendorff'schen Buchhandlung.

1858.

Die Kavallerie

in der

Schlacht an der Moskwa

(von den Russen

Schlacht bei Borodino

genannt)

am 7. September 1812.

Nebst

einigen ausführlichen Nachrichten

über die

Leistungen des 4. Kavallerie-Corps

unter der Anführung des

Generals Latour-Maubourg.

Vom

Freiherrn Roth von Schreckenstein,

General der Kavallerie und commandirenden General des 7. Armee-Corps.

Errando discimus.

Mit einem Plane.

Münster,

Druck und Verlag der Aschendorff'schen Buchhandlung.

1858.

Die Kavallerie

in der

Schlacht an der Moskwa

am 7. September 1812.

Die Schlacht an der Moskwa gehört mit zu den denk-
würdigsten der neueren Zeit, denn es stand die Hauptstadt eines kolossalen Reiches auf dem Spiele, und
Napoleon hoffte die Früchte seines überwiegenden Feld-
herrn-Talentes sicher einzuernten, wenn es ihm endlich gelang, die Russische Hauptarmee, auf die er es
bis dahin allein abgesehen zu haben schien, so vollständig zu überwältigen, dass sie auf längere Zeit
kampfunfähig wurde. — Die Truppen, mit denen Napoleon diese längst ersehnte Hauptschlacht lieferte, bil-
deten den eigentlichen Kern des unermesslichen Heeres, das er 1812 gegen Russland aufgeboten; — der
Feind hatte sich zu wiederholten Malen seiner Ueber-
macht entzogen, und es war nach den Gefechten bei
Smolensk bereits dahin gekommen, dass Napoleon nur
noch in der Eroberung von Moskau die Möglichkeit,
den Krieg gegen Russland schnell zu beendigen, voraussah. Seine eigenen Worte:

> „La paix est devant nous, nous n'en sommes qu'à
> „huit jours; si près du but il n'y a plus à déli-
> bérer. — „Marchons sur Moscou!"

bekunden, wie es mir scheint, die hier ausgesprochene
Ansicht. — Wenn auch die Gelehrten noch immer über
die Nothwendigkeit dieses gefahrvollen Unternehmens,

1

das mit der Vernichtung des glänzendsten Heeres endigte, uneins sind, so ist doch Vieles zur Rechtfertigung Napoleons beigebracht und jedenfalls nicht daran zu zweifeln, dass alle seine Tadler sich in Lobredner verwandelt hätten, sofern der Kaiser Alexander sich nach dem Brande von Moskau noch zum Frieden entschloss. Es erreichte aber der Glücksstern, dem der kühne Eroberer trotz aller Warnung so beharrlich folgte, in Moskau seinen Culminations-Punkt, denn der Kaiser Alexander liess sich, nachdem die Hauptstadt in Flammen aufgegangen war, nicht zum Frieden verleiten, und Ströme von Blut bezeichneten ferner die Laufbahn dieses glänzenden Sternes, der 1815 noch ein Mal, wie ein Irrlicht, vor seinem Untergange auftauchte. — Nimmt man auch an, dass Napoleon, vom Glück verwöhnt, nicht auf eine solche Beharrlichkeit seines Gegners rechnete, und dass es sich im entgegengesetzten Falle nur darum handelte, Smolensk wieder zu erreichen [1]), so fällt es doch auf, dass er mit unzureichenden und abgenutzten Streitkräften in Moskau anlangte und schon in der Schlacht bei Borodino dem Fürsten Kutusow kaum noch um 20,000 Mann Garden überlegen war, die er nicht füglich zur Erlangung eines vollständigen Sieges auf's Spiel setzen konnte. [2]) Inwiefern der Kaiser

---

[1]) Napoleon konnte wohl füglich darauf rechnen, dass er im Stande sein würde, hinter der Düna und dem Dniepr zu überwintern, denn er hatte 5 Armee-Corps unter Macdonald, Saint Cyr, Oudinot, Reynier und Schwarzenberg auf den beiden Flügeln zurückgelassen. Die Division Dombrowsky hatte zwischen Mohilew und Bobruisk Halt gemacht und Victor war nach Smolensk beordert. Aller menschlichen Berechnung nach handelte es sich also nur darum, diesen Punkt, von dem die gewagte Operation ausging, wieder zu erreichen, da ausser den angegebenen Corps noch 100,000 Mann Ersatztruppen — die vor Einbruch des Winters eintreffen mussten — im Anzuge waren.

[2]) Die Französischen Corps, welche bei Borodino versammelt waren, zählten, nach Abzug der detachirten Abtheilungen, beim Anfang der Feindseligkeiten 245,000 Combattanten, ein grosser Theil hatte noch nicht mitge-

Alexander das, was sich in diesem Feldzuge zugetragen, selbst eingeleitet und angeordnet hat, — mag immer dahin gestellt bleiben; soviel liegt aber am Tage, dass Napoleon seinen Zweck in der Schlacht bei Borodino ganz verfehlte, der Kaiser Alexander sich dagegen in Betreff der Ausdauer und der Hingebung, die er seinen Kerntruppen zutraute, nicht verrechnete, denn es leisteten dieselben am 7. Sept. bei dem Dorfe Borodino einen äusserst heldenmüthigen Widerstand und der Rückzug, den sie allerdings nothgedrungen am 8. September fortsetzen mussten, hatte keineswegs das Ansehen einer Flucht.[*] Der Marquis v. Chambray nennt diese Schlacht

---

fochten, und doch war diese Armee bis auf 130,000 Mann zusammengeschmolzen; sie hatte sich also um 115,000 Mann, und zwar grösstentheils durch Entbehrung und Anstrengungen vermindert. Der Inhalt der Proclamation, die Napoleon mit Tagesanbruch den Truppen vorlesen liess, dient übrigens zum Beweis, dass er den Zustand und die Stimmung der Armee kannte, denn er sagt:

»Soldaten! Ietzt habt ihr die Schlacht, die ihr so sehnlich herbeige-
»wünscht habt. Von euch hängt nunmehr der Sieg ab. Er ist uns
»nöthig; er wird uns Ueberfluss und gute Winterquartiere und schnelle
»Rückkehr in unser Vaterland gewähren. Haltet euch wie bei Auster-
»litz, Friedland, Wittepsk und Smolensk, und möge die späteste Nach-
»kommenschaft Euer Betragen an diesem Tage rühmen, möge man
»von Euch sagen: auch Er war bei der grossen Schlacht unter Mos-
»kaus Mauern.«

[*]) Der König von Neapel hatte am 8. September gegen Mittag endlich die Verfolgung mit einer Infanterie-Division und dem vereinigten Kavallerie-Corps in Gang gebracht, und tummelte sich am Nachmittage wieder »in gewohnter Art« bei der Avantgarde herum. Er stiess jedoch schon nach einem Marsch von einigen Stunden bei dem Städtchen Mosaisk auf so ernsten Widerstand, dass er den Befehl des Kaisers, den Ort zu überschreiten, nicht zur Ausführung bringen konnte. Der General Latour-Maubourg, dessen Reitermuth noch immer nicht abgekühlt war, schien aber von den Anordnungen des Königs von Neapel bei diesem Gefecht, das bis zum Dunkelwerden fortdauerte und an dem nur die leichte Kavallerie Antheil genommen hat, wenig erbaut, und ich erinnere mich sehr wohl, dass er mehrfach seine Verwunderung über diesen Widerstand und über die Ordnung, mit der die Russen nach einem so harten Kampfe den Rückzug ausgeführt haben, aussprach; auch kann ich versichern, dass wir an die-

„die blutigste seit der Erfindung des Schiesspulvers", und diese Behauptung erscheint nicht ungegründet, wenn man bedenkt, dass von beiden Theilen beiläufig 210,000 Mann mitgefochten haben und die Zahl der Todten und Blessirten sich auf 70,000 Mann beläuft; so dass also $\frac{1}{3}$ der Combattanten ausser Gefecht gekommen ist. [4]) Die Zahl der Todten und Blessirten dürfte auf keinen Fall viel weniger betragen haben, denn es wurden nachträglich von Französischer Seite 49 Generale und 37 Obersten als todt und verwundet, 6547 Offiziere, Unteroffiziere und Soldaten als todt, und 21,453 als bles-

---

sem und dem folgenden Tage (abgesehen von einer Unzahl von schwer Blessirten, welche die Russen in Mosaisk zurücklassen mussten) auf der Strasse nach Moskau nichts antrafen, was die geringste Unordnung oder Uebereilung auf dem Rückzuge bekundete. Dass die Russen auf dem Schlachtfelde viele Verwundete zurückliessen, versteht sich von selbst, ich bin aber der Meinung, dass jede andre Armee das Doppelte zurückgelassen hätte, da die Russen sich besonders noch darin auszeichnen, dass sie nicht leicht im Gefecht einen Verwundeten preisgeben, ja sogar die todten Offiziere, wenn es irgend möglich ist, mit fortschleppen. So hatten sie auch eine grosse Anzahl von schwer Blessirten in den letzten Häusern von Semenofskoy zusammen gebracht, und diese Unglücklichen waren nach dem mörderischen Kampf, der zuletzt dort stattfand — trotz aller Anstrengungen — nicht gerettet worden. Das Feuer musste nachträglich, vielleicht in der Nacht, auch diese Wohnungen ergriffen haben, denn wir kamen, als wir vom Schlachtfelde abmarschirten, an mehren Gehöften vorbei, die ganz oder theilweise niedergebrannt und mit Leichen, die augenscheinlich mit dem Feuertode gekämpft hatten, ganz angefüllt waren. Viele dieser Leichen waren vollständig gebraten und dick aufgeschwollen; andere, wie es schien, bloss erstickt oder, indem sie sich zu retten suchten, in den Kleidern verbrannt. Ich konnte diesen schaudervollen Anblick lange nicht vergessen, und ich muss gestehen, dass diese ganz und theilweis gebratenen Menschen noch mehr Eindruck auf mich gemacht haben, als die Menge von Erfrornen, die ich auf dem Rückzuge zu sehen bekam. Allerdings waren wir damals noch nicht in dem Masse an dergleichen Dinge gewöhnt.

[4]) Die Stärke der beiden Heere wird zwar sehr verschieden angegeben; es stimmen aber doch die zuverlässigsten Nachrichten dahin überein, dass beide Theile der Zahl nach füglich gleich stark mit 130,000 Mann in Rechnung gestellt werden können, und dass also 260,000 Mann bei Borodino einander gegenüber standen. Zieht man von dieser Total-Summe

sirt nachgewiesen [5]), so dass also auf einen Total-Verlust von 28 bis 30,000 Mann zu schliessen ist. — Auch die Russischen Berichterstatter haben allmählig eingeräumt, dass ihr Verlust am 5. und 7. September noch weit beträchtlicher war und jedenfalls 40 bis 45,000 Mann betragen hat, indem beiläufig 30 Generale und 2,300 Offiziere als todt und blessirt; überhaupt 10 bis 12,000 Todte und 30 bis 33,000 Blessirte nachgewiesen wurden.

Wenn ich es auch nur versuchen will, die Bewegungen der Kavallerie, die Napoleon in der Schlacht an der Moskwa auf eine sehr auffallende Weise gebraucht hat [6]), zu schildern, und meine Absicht besonders dahin gerichtet ist, als Augenzeuge einige ganz

---

20,000 Mann Französische und Italienische Garde etc., die Napoleon nicht anwendete,

15,000 „ Russische Milizen, die, mit Piken bewaffnet, nur figurirten,

5,000 „ Kosaken, die an der Schlacht der Mehrzahl nach gar keinen Theil nahmen, und

6,000 „ Russen, ein Theil der Russischen Garde- und die Jäger-Regimenter, einschliesslich der Reserve-Artillerie, die müssig geblieben war, ab, so ergiebt es sich, dass in Summa

---

46 bis 50,000 Mann nicht mitkämpften, und die Zahl der Truppen, die mitgefochten haben, reducirt sich alsdann, wie oben erwähnt, auf 210,000 Mann.

[5]) Der General Pelet giebt 9,000 Getödtete und 13,000 Verwundete an und berechnet also den Verlust nur auf 22,000 Mann. Der Baron Denniée dagegen, wie oben erwähnt, auf 28,086 Mann. Am bedeutendsten war der Verlust der Kavallerie; vor der Schlacht zählte dieselbe 29 bis 30,000 Pferde und nach der Schlacht nur noch 15 bis 17,000 Pferde. Bei der Garde-Kavallerie mochten die Eskadronen noch 100 Pferde stark sein; bei den meisten Linien-Regimentern waren dieselben bis auf 37 Pferde zusammen geschmolzen, und nur bei wenig Regimentern waren die Eskadronen noch 50 bis 60 Pferde stark.

[6]) General Pelet sagt: „gegen alle Regel zur Ausfüllung des Raumes zwischen dem Dorfe Semenofskoy und der Kalotscha.“ Diese Bemerkung ist jedoch nur in Bezug auf das 2. und 4. Kavallerie-Corps richtig, denn diese Kavallerie-Abtheilungen vertraten während mehrerer Stunden allerdings die Stelle der Infanterie, da Napoleon seine Garden nicht aus der Hand geben wollte. Dass die Kavallerie im Allgemeinen dazu gebraucht

irrige Angaben über die Leistungen des 4. Kavallerie-
Corps, unter der Anführung des Generals Latour-Maubourg, zu berichtigen, so erscheint es mir doch angemessen, als Beleg zu dem, was ich bereits geäussert
habe, hier eine Uebersicht der Streitkräfte, mit denen
Napoleon 1812 gegen Russland zu Felde gezogen ist,
vorangehen zu lassen.

§. 1.

Ich folge den Angaben des Oberstlieutenants v. Plotho,
welcher die Gesammtstärke des Französischen Heeres
auf 605 Bataillone und 526 Eskadronen berechnet. Setzt
man voraus, dass die Bataillone bei der Eröffnung des
Feldzuges 800 Mann und die Eskadronen 140 Pferde
zählten, so ergiebt sich hieraus, dass Napoleon allmählig gegen Russland

484,000 Mann Infanterie,
  73,640   „   Kavallerie,
  30,000   „   Artillerie etc., also in Summa

587,640 Mann verwendete, und man kann noch
  50,000   „   Nicht-Combattanten hinzurechnen, wo-
          durch eine Total-Summe von

637,640 Menschen [1]) herauskömmt, die jedenfalls an
diesem Feldzuge Theil genommen haben.

---

wurde, die Infanterie bei der Eroberung der Bagrations-Schanzen und des
Dorfes Semenofskoy zu unterstützen, gehört wohl nicht zu den ganz unge-
wöhnlichen Dingen; sehr auffallend ist es aber, dass die oben genannten
beiden Kavallerie-Corps gegen das Ende der Schlacht der Infanterie des
Vice-Königs vorauseilten und insofern zur Eroberung der Rajefsky-Schanze
verwendet wurden.

  [1]) Der General v. Hoffmann giebt 678,000 Mann an; Chambray (erläutert von Blesson) dagegen 647,158 Mann und 187,111 Pferde (einschliesslich der Artillerie und des Trains), auch zählt er 1372 Geschütze auf.
Beim Beginn des Feldzuges war Napoleon den Russen jedenfalls beinahe ums
Doppelte überlegen, denn es stimmen die meisten Nachrichten darin überein,

Diese Armee führte 1344 Geschütze, 2768 Muni-
tionswagen und ausserdem 30,000 Proviant- und Bagagewagen mit sich.

Nicht uninteressant ist übrigens die Angabe, dass
von den 605 Bataillonen nur 299 Bataillone zu der Kai-
serlich Französischen Armee gehörten, und dass also
306 Bataillone von Oestreich, Preussen, dem Rheinbunde, Polen, der Schweiz, Neapel und dem Königreich Italien gestellt worden sind. Auch die angeführten 526 Eskadronen bestanden nur der Minderzahl nach
aus Franzosen, denn es ist nachgewiesen, dass nur
251 Eskadronen zur Französischen Armee gehörten,
während die Alliirten 275 Eskadronen ins Feld gestellt
hatten. [8])

Aus dieser Uebersicht scheint nun zwar hervorzu-
gehen, dass beiläufig 300,000 Franzosen an dem Zuge

---

dass er diesen Feldzug beiläufig mit 500,000 Mann eröffnete, und dass
ihm der Kaiser Alexander Anfangs einschliesslich der Kosaken etc. kaum
260,000 Mann (incl. 940 Geschützen) entgegenstellen konnte. Bringt man
in Anschlag, dass Napoleon noch an 100,000 Mann nachrücken liess und
dass bei der Russischen Armee im Lauf des Feldzuges allerdings fortwährend von allen Seiten her Verstärkungen eintrafen, die etwa 220,000 streit-
bare Männer betragen haben mögen, so ergiebt es sich, dass 1812 — sehr
gering angeschlagen — 480,000 Russen gegen 600,000 Franzosen und Alliirte in die Schranken traten, und es stellt sich also heraus, dass weit
über eine Million Menschen in diesen riesenhaften Kampf verwickelt waren,
da von Französischer Seite jedenfalls noch 100,000 Mann Train-Soldaten,
Handwerker und Diener, überhaupt Nicht-Combattanten, hinzukommen, endlich auch die Zahl der Milizen, irregulären Truppen und der Tross bei
den Russen, der mitwirkte, auf 150 000 Menschen angeschlagen werden
kann, da, wie bekannt, Milizen und Aufgebote aller Art mitwirkten und
stets bei den Russischen Truppen ein unberechenbares Heer von Dentschiks
vorhanden ist.

[8]) Nach einer genauern Ermittelung (vgl. §. 19.) waren 534 Eskadronen vorhanden; davon gehörten 247 Eskadronen zur Französischen Armee,
und 287 Eskadronen waren als Alliirte aufgeboten. Das Grossherzogthum
Warschau oder vielmehr Polen stellte allein 11,200 Mann Kavallerie in's
Feld; die Contingente des Rheinbundes betrugen 14,700 Mann, und, wenn

nach Russland Theil genommen haben; man kann aber diese Zahl füglich auf 200,000 Mann reduziren, da zu jener Zeit noch die Rhein – Provinzen, ein Theil von Nord-Deutschland, Belgien und Holland zu Frankreich gehörten. [9]) Nach einer Liste, die der Oberstlieute-

man die Königl. Preussische Kavallerie mit 3,360 Pferden hinzurechnet, so ergiebt es sich, dass 18,060 Deutsche Reiter, die Eskadron nur zu 140 Mann gerechnet, gegen Russland zu Felde gezogen sind. Es waren überhaupt, wie es scheint, 74,760 Mann Kavallerie aufgeboten, und davon gehörten nur 34,580 zur Französischen Armee, während von den Alliirten 40,180 Mann gestellt worden sind.

[9]) Der Marquis von Chambray sagt in Bezug auf die Schlacht an der Moskwa pag. 171: »Napoleons Heer, fast ganz aus Französischen Truppen bestehend, zählte ungefähr 120,000 Mann«, und hält es demnach nicht der Mühe werth, es hervorzuheben, dass das 4. Armee-Corps unter dem Vice-König zum grössten Theil aus Italienern, das 5. Armee-Corps unter Poniatowsky ganz aus Polen, das 8. Armee-Corps unter Junot aus Westfalen bestand, und dass endlich die Königlich Würtembergische Infanterie dem 3. Armee-Corps unter Ney zugetheilt war. Ebenso übergeht er die ausgezeichneten 4 Regimenter der Weichsel-Legion, 2 Portugiesische Regimenter, 2 Spanische Regimenter, 3 Regimenter Croaten und Dalmatier, die der Garde und anderen Corps einverleibt waren, mit Stillschweigen, und findet es sogar angemessen, es ganz zu ignoriren, dass über die Hälfte der Kavallerie, welche an dieser Schlacht Theil genommen, aus Regimentern bestand, die nur als »Französische Truppen« angesehen werden können, wenn man die Incorporation des ganzen Rhein-Bundes, des Königreichs Preussen und Grossherzogthums Warschau etc. in das Kaiser-Reich als ein »fait accompli« ansieht.

Der Hauptmann Blesson berichtigt zwar als Uebersetzer diese echt französische Redensart, indem er pag. 171 bemerkt: »Die Französischen »Truppen bestanden aber nur in der geringern Zahl aus Franzosen. Dies »rührt daher, dass die Französischen Truppen sehr viel Fremde aus den »während der Revolutions-Kriege eroberten Ländern enthielten.« Mir scheint es, dass man der Wahrheit am nächsten kömmt, wenn man in Betrachtung zieht, dass in statistischen Werken die Länder, welche vor der Revolution schon zu Frankreich gehörten, (in runder Summe) nur mit einer Bevölkerung von 28,000,000 Seelen angegeben sind, wogegen das Französische Kaiserreich im Jahre 1812 mit einer Bevölkerung von 42 bis 43,000,000 Seelen aufgeführt ist. Schon im Jahre 1801 kamen die Niederlande, Belgien, das linke Rheinufer, Avignon, Savoyen, Genf und Nizza, im Gesammtbetrage von mehr als 6 Millionen Einwohnern zu Frankreich, und es wurde sodann 1802 Piemont, 1805 Genua, 1808 Parma und Toskana,

nant v. Plotho mitgetheilt hat, betrugen die Trümmer des Französischen Kriegsheeres, nämlich Franzosen, Italiener und Neapolitaner etc., die aus Russland zurückkehrten, nicht mehr als . . . . . . 18,800 Mann auch giebt er an, dass vom Rheinbunde 17,400 „ von der Polnischen Armee nur . . . 6,000 „

also in Summa Summarum 42,200 Mann am 1. Januar 1813 noch übrig waren, die theils zu Besatzungen verwendet wurden oder den Rückzug durch Preussen fortsetzten.

Das Oesterreichische Hülfs – Corps, welches auf
30,800 Mann
angegeben ist, hatte einen Abgang von . 3,300 „
und es dürfte also anzunehmen sein, dass 27,500 Mann von diesem Corps zurückkehrten.

Von den Preussischen Hülfstruppen, deren Stärke Seidlitz nachgewiesen hat, mit 22,360 Mann, dürften ebenfalls nur 12 bis 13,000 Mann zurückgekehrt sein, da das Corps des Generals v. York am 10. December nur noch 13,300 Mann stark war, und von den beiden Kavallerie-Regimentern, die den Zug nach Moskau mitgemacht hatten, nicht über 200 Mann zurückkehrten.

1809 Rom, die Schelde- und Rhein-Mündung, das Königreich Holland, und endlich 1810 Wallis, Lauenburg, ein Theil von Hannover, nebst den Hanse-Städten, im Gesammtbetrage von mehr als 8 Millionen Einwohnern incorporirt. Der Zuwachs betrug demnach zwischen 14 und 15 Millionen, und da die Conscriptions-Gesetze in den neu erworbenen Ländern gewiss nicht milder angewendet wurden, so ist nicht daran zu zweifeln, dass in den Französischen Truppen sich ein Verhältniss von 28 zu 14 allmählig gebildet hat, und also $\frac{1}{3}$ der Mannschaft Ausländer waren. Man kann sogar annehmen, dass Napoleon damals 50 Millionen Menschen unmittelbar beherrschte, da ausser den angegebenen 42 Millionen noch das Königreich Italien mit $6\frac{1}{2}$ und Illirien mit $1\frac{1}{2}$ Millionen in Rechnung gestellt werden können.

Von dem ungeheuren Kriegsheere, das Napoleon 1812 gegen Russland aufgeboten hat, blieben also hiernach nur übrig

1. Franzosen, Italiener, Neapolitaner etc. 18,800 Mann
2. Von den Truppen des Rheinbundes . 17,400 „
3. Von der Polnischen Armee . . . . . 6,000 „
4. Vom Oesterreichischen Hülfs – Corps 27,500 „
5. Vom Preussischen Hülfs-Corps . . . 13,000 „

Facit . 82,700 Mann.

Wenn nun zwar gegen die Richtigkeit aller dieser Angaben Vieles einzuwenden ist [10]), so scheint es mir doch, dass man annehmen kann, dass Napoleon einschliesslich der Ersatztruppen und Reserve-Corps im Laufe des Feldzuges 600,000 Mann aufgeboten und dass am Schlusse desselben nicht über 100,000 Mann mehr vorhanden waren, so dass also der Gesammtverlust sicher nahe an 500,000 Mann betragen hat.

Vertheilt man diese Einbusse an streitbaren Männern nach einiger Wahrscheinlichkeit, so dürfte es sich herausstellen, dass Frankreich, nach seiner jetzigen Gränze, nur 200,000 Mann stellte, von denen etwa 20,000 Mann sich gerettet haben mögen, und es ergiebt sich also, dass 180,000 Franzosen in Russland und in den Preussischen Festungen ihr Grab gefunden haben. Die Zahl der Verbündeten (einschliesslich der Holländer, Belgier und Deutschen, die damals in der Französischen Armee dienten) belief sich aber, nach der früheren Voraussetzung, auf 400,000 Mann, und es ist mit vieler Wahrscheinlichkeit dargethan, dass, einschliesslich der Oesterreichischen und Preussischen Hülfs-

---

[10]) Die Ueberreste des Sächsischen Corps unter Reynier sind wohl vom Oberstlieutenant von Plotho nicht in Anrechnung gebracht, indem er annimmt, dass von den Truppen des Rheinbundes nur 17,400 Mann zurückkehrten.

truppen, wohl nur 70,000 Mann davon zurückkehrten, so dass also auf einen Total-Verlust von 330,000 Menschen zu schliessen ist, den die anderen Länder (und nicht Frankreich nach seiner jetzigen Gränze) zu beklagen hatten. [11])

§. 2.

Die Kavallerie, welche an dem Feldzuge 1812 Theil nahm, betrug, wie früher erwähnt, 526 Eskadronen, zu 140 Pferden per Eskadron berechnet, in Summa 73,640 Mann. Der Marquis von Chambray giebt zwar an, dass einschliesslich der reitenden Artillerie (ohne Offizier- und Zug-Pferde) vorhanden gewesen sein sollen, nach den Rapporten:

---

[11]) Der wirkliche Verlust der Russen ist weit schwerer zu ermitteln, denn es finden sich nirgend ganz zuverlässige Nachrichten über Abgang und Zuwachs. Dieser Feldzug kostete aber Russland jedenfalls eine ungeheure Zahl von Menschen. Ich habe früher die Behauptung aufgestellt, dass von Russischer Seite (abgesehen von den Aufgeboten, Milizen und dem eigentlich unberechenbaren Trosse) gewiss 480.000 Combattanten an dem Feldzuge Theil genommen haben. Die Zahl der noch dienstfähigen Combattanten, die sich gegen die westliche Gränze bewegten, jedoch zum grössten Theile dieselbe nicht erreichten, betrug aber am Schluss des Feldzuges, einschliesslich der Kosaken und irregulairen Truppen, höchstens 180,000 Mann. — 300,000 Combattanten waren daher allmählig getödtet, verwundet oder ermattet und krank, überhaupt in Abgang gekommen. Es war nämlich auch die Russische Haupt-Armee unter Kutusow 110,000 Mann stark von Tarutino abmarschirt und zählte in Wilna nur noch 40,000 Mann; alles Uebrige war todt, krank, ermüdet oder erschöpft zurückgeblieben. Nicht besser sah es bei den detachirten Corps aus, denn sie waren auf eine ähnliche Art zusammengeschmolzen, und es ist bekannt, dass nachträglich noch eine Unzahl von Menschen in den Lazarethen durch ansteckende Krankheiten hingerafft wurden. Es dürfte daher nicht weit gefehlt sein, wenn man annimmt, dass die Anstrengungen, welche der Kaiser Alexander zur Vertheidigung seines Reichs 1812 machte, Russland mehr als 300,000 Menschen gekostet haben, und man kann also annehmen, dass der riesenhafte Kampf zwischen Napoleon und Alexander in Summa 800,000 Menschen das Leben kostete.

1. Bei den 12 Armee-Corps . 41,396 Pferde
2. Bei den 4 Reserve-Kavallerie-Corps . . . . 40,183 „
3. Bei Truppentheilen, die nach-
   folgten . . . . 15,000 „

also in Summa Summarum 96,579 Pferde. [12])
Da indess hier die reitende Artillerie mit der Kavallerie vermengt ist, so finde ich es rathsamer, bei
der Angabe des Oberstlieutenants v. Plotho stehen zu
bleiben.

Von 526 Eskadronen waren nur 251 Eskadronen
Franzosen, und es befanden sich also 275 Eskadronen
von den Alliirten bei der Armee; oder es betrugen vielmehr, sobald man eine gleiche Stärke der Eskadronen
annimmt,

---

[11]) Der Marquis von Chambray berechnet den nominellen Bestand an
Pferden bei den Corps, die in Russland eingedrungen sind, auf 187,111
Pferde, indem er die Kavallerie, Artillerie und alle Militair-Equipagen
in Rechnung stellt. Da aber das Gefolge Napoleons, die Militair- und
Civil-Beamten, die Dienerschaft und eine Unzahl von Fuhrwerken, die in
Preussen und Polen requirirt wurden, nicht mit berechnet sind, so wird
man 200,000 Pferde annehmen können, die von Seiten Napoleons verwendet wurden. Von allen diesen Pferden waren aber am Schluss des Feldzuges nur noch bei den Oesterreichischen, Preussischen und Sächsischen
Hülfs-Corps eine grössere Anzahl von brauchbaren Pferden übrig, und
ich glaube nicht zu irren, wenn ich die Behauptung aufstelle, dass 180,000
Pferde im Verlauf von sechs Monaten zu Grunde gingen. Die vier Reserve-Kavallerie-Corps, mit denen der König von Neapel zu Felde gezogen
ist, bestanden aus 40,000 Pferden und 86 Geschützen, und es war, nach
dem was ich an der Beresina sah, eigentlich davon nichts übrig geblieben,
als die sogenannte Heilige Schaar und etwa 80 Pferde, mit denen Latour-
Maubourg sich zuletzt, als Stellvertreter des Königs von Neapel, noch
herumtummelte. Murat hatte dieses ehrenvolle Geschäft, als wir von Smolensk abzogen, und von den vier Reserve-Kavallerie-Corps nur noch 1500
Pferde zusammengebracht werden konnten, ganz von sich abgeschüttelt.
Vertheilt man diese geringe Zahl auf 53 Regimenter und resp. 212 Eskadronen, so ergiebt es sich, dass von jedem Regimente nur einige Offiziere
und von jeder Eskadron nur ein bis zwei Mann noch so zusammen hielten, dass von einer Truppe, die in Reih' und Glied einherzog, die
Rede sein konnte. —

1. die Französischen Regimenter . 35,140 Pferde,
2. dagegen die der Alliirten . . 38,500 „

wenn, wie gesagt, in Summa . . . 73,640 Pferde
wirklich nur vorhanden gewesen sind.

Wer aber mit der Napoleonischen Armee jener Zeit
genauer bekannt ist, wird wohl nicht in Abrede stellen, dass oft ⅓ der Mannschaft, namentlich in den Husaren, Chasseur - und Cuirassier-Regimentern, aus Deutschen, Niederländern, Elsassern und Lothringern etc.
bestand, und dass grade dieser Theil der Mannschaft
die Pferde sorgfältiger behandelte und pflegte. Bei der
Beurtheilung dessen, was die Französischen Regimenter nach angestrengten Märschen noch geleistet haben,
wird indess dieser Umstand häufig gar nicht in Betrachtung gezogen, und ich bin der Meinung, dass die Zahl
der Franzosen, in Reih' und Glied, sich bei der Kavallerie im Felde stets sehr schnell verminderte, während die Mannschaft, die eigentlich deutschen Ursprungs
war, noch zu Pferde sass und öfter die Mehrzahl in
einem Französischen Kavallerie-Regimente ausmachte,
das den Feind attakirte.

Die Garde-Kavallerie machte übrigens — was die
Pflege der Pferde anlangte — eine rühmliche Ausnahme
und Bessières mochte nach dem Rückzuge bei Smolensk
noch 15 bis 1700 einigermassen brauchbare Pferde beisammen haben; auch mag diese Kavallerie — nach dem,
was ich an der Beresina sah — mit 8 bis 1200 Pferden den Fluss überschritten haben.

Die Bemerkung Blessons (zu pag. 87 von Chambray)
hat endlich ihre volle Richtigkeit, denn die Polen waren meist noch leidlich beritten — weil sie ihre Pferde
sorgfältiger pflegten und keine Gefahr und Anstrengung
scheuten, um Futter herbeizuschaffen. — Dabei kam
ihnen aber auch die grössere Ausdauer ihrer Pferde,

und auf dem fernern Rückzuge die Bekanntschaft und Verwandtschaft mit den Einwohnern zu Statten; wobei noch besonders in Betrachtung kömmt, dass die meisten Pferde unbeschlagen gebraucht wurden, die Französischen Kavallerie-Pferde aber wegen mangelhafter Beschläge (ohne Stollen) sich schneller abnutzten und aus diesem Grunde zuletzt liegen blieben.

§. 3.

In der Schlacht von Borodino (von den Franzosen auch Schlacht von Mosaisk oder an der Moskwa genannt) am 7. September 1812, standen Napoleon, nach ziemlich zuverlässigen Nachrichten, einschliesslich der Kavallerie höchstens noch 132,000 Mann zu Gebote. Seine Kavallerie war von 47,000 Combattanten bereits bis auf 29,000 zusammen geschmolzen, und es giebt der Marquis von Chambray sogar nur 120,000 Mann, einschliesslich 30,000 Mann Kavallerie an.

Die Russische Armee unter dem Fürsten Kutusow zählte dagegen

90,000 Mann Infanterie,
 9,000   „   Artillerie,
19,500   „   regulaire Kavallerie, also in Summa

118,500 Mann regulaire Truppen; es befanden sich aber
 8,000 Kosaken bei der Armee, und es waren
15,000 Milizen, grösstentheils mit Piken bewaffnet,
        eingetroffen, wodurch in Summa

141,500 Mann herausgerechnet werden können. Die Russische Armee war demnach an regulairer Infanterie, besonders aber an regulairer Kavallerie schwächer als die Französische, dagegen an Artillerie weit überlegen, da sie 702 Geschütze mitführte und Napoleon nur 587 Geschütze bei sich hatte. [13])

Von den Eingangs erwähnten 526 Eskadronen, die Napoleon gegen Russland aufgeboten hatte, befanden sich bei der Armee, mit der er bis Moskau vordrang, 83 Kavallerie-Regimenter [14]), die zu 4 Eskadronen gerechnet, in Summa also . . . . . 332 Eskadronen zählten; ausserdem waren noch bei der Garde-Kavallerie attachirt . . . . 7 „

daher in Summa in Rechnung zu stellen sind . . . . 339 Eskadronen. Da Napoleon bei den Corps, die nicht gegen Moskau mit vorrückten und auf den beiden Flügeln etc. verwendet wurden, ... 187 „ zurückgelassen hatte, so sind hier die oben angegebenen . . . . . 526 Eskadronen nachgewiesen.

Rechnet man, dass die erstgedachten 339 Eskadronen beim Einmarsche in Russland nur 140 Pferde stark waren, und dass also jedes Regiment beiläufig 560 Pferde zählte, so waren . . . 47,460 Pferde bei den Corps, die Napoleon selbst anführte, vorhanden, von denen also bis zum 7. September bereits . . . . 18,045 „ abgegangen sein müssen, indem an dem besagten Schlachttage in Summa nur . 29,425 Pferde noch dienstfähig waren.

---

[13]) Von den hier oben in Summa nachgewiesenen 1289 Geschützen haben aller Wahrscheinlichkeit nach 8 bis 900 in der Schlacht mitgewirkt. Von der Artillerie der Französischen Garde blieben aber, wie bekannt, 68 Geschütze en Reserve, und die Russische Reserve-Artillerie kam ebenfalls nicht in Thätigkeit, ob absichtlich oder aus Versehen, muss dahin gestellt bleiben.

[14]) In dem §. 18. werde ich den genauern Nachweis liefern, dass höchst

Von den angeführten 83 Kavallerie-Regimentern oder resp. 339 Eskadronen hatte ein bedeutender Theil bis dahin noch nicht mitgefochten, und doch ergiebt es sich nach der obigen Angabe, dass die Eskadronen im Verlauf von 2½ Monaten im Durchschnitt von 140 auf 87 Pferde herunter gekommen sind. — Da die Durchschnittszahl sich nur auf 348 Pferde per Regiment herausstellt, wenn in der That am 7. September noch 29,000 brauchbare Pferde vorhanden gewesen sind, so ist nicht daran zu zweifeln, dass diejenigen Regimenter, welche sich bereits wiederholt mit dem Feinde gemessen hatten, bis auf die Hälfte ihrer ursprünglichen Stärke zusammen geschmolzen waren; — ja ich bin sogar, nach dem was ich sah, überzeugt, dass viele Kavallerie-Regimenter kaum noch 200 brauchbare Pferde zählten, also schon bis auf ⅓ herunter gekommen waren.

§. 4.

Die Vertheilung der vorhandenen 83 Kavallerie-Regimenter am 7. September vor der Schlacht bei Borodino war folgende:

(Aus der am Schlusse [§. 18.] beigefügten Liste ist die detaillirte Eintheilung zu ersehen.)

1. Bei der Garde, die nicht in's Gefecht kam, befanden sich ausser den angeführten 7 Eskadrons (nämlich 2 Eskadrons Gensd'armes, 1 Eskadron Mamelucken und 4 Eskadrons vom 7. Chasseur- (Lancier-) Regimente), die für den Dienst des Haupt-Quartiers bestimmt waren, in Summa nur . . . . 5 Regim.

---

wahrscheinlich 87 Regimenter bei der Armee vorhanden waren, welche 355 Eskadronen ausmachten.

5 Regim.

2. Bei Poniatowski, auf dem äussersten rechten Flügel (General Tyskiewicz) [— Pelet giebt 5 Regimenter an —] . 4 „

3. Bei dem Westfälischen Corps (General Hammerstein) . . . . 3 „

4. Bei Davoust und Ney vereinigt (unter General Girardin) . . . . 10 „

5. Bei dem Vice-König von Italien (General Ornano und General Triaire) . 10 „

Facit . 32 Regim.

6. Die ganze Reserve-Kavallerie, welche dem Namen nach unter Murat stand, war in 4 Kavallerie-Corps eingetheilt, und zählte 51 Regimenter, denn

  a) Das 1. Kavallerie-Corps bestand aus (nach Pelet 15 Regimenter) 13 Reg. von Nansouty befehligt (Division Bruyère, St. Germain und Valence).

  b) Das 2. Kavallerie-Corps, von Montbrun befehligt . 15 „ (Division Sebastiani, Wathier und Defrance).

  c) Das 3. Kavallerie-Corps unter Grouchy detachirt . 11 „ (Division Chastel und Lahoussaye).

  d) Das 4. Kavallerie-Corps von Latour-Maubourg . 12 „ (Division Rozniecki und Lorge).

Facit 51 Reg. Sa. 83 Regim.

Das was Murat am Schlachttage selbst befehligte, betrug aber nur 40 Regimenter, da der General Grouchy mit dem 3. Kavallerie-Corps auf dem linken Flügel (beim Vice-König) mit 11 Regimentern detachirt stand. — Es waren indess die vorhandenen 17 Cuirassier-Regimenter und 23 leichte Regimenter im Centrum zurückgeblieben, und man kann also annehmen, dass (abgesehen von der Garde-Kavallerie 27 Eskadronen etwa 3,000 Pferde) nah' an 6,800 Cuirassiere und 9,200 Mann leichte Kavallerie, also in Summa 16,000 Pferde und 77 Geschütze dort anfangs, unter dem unmittelbaren Befehl des Königs von Neapel vereinigt, als Reserve in Bereitschaft standen.

§. 5.

Nach dem, was ich gesehen habe, waren die Französischen Kavallerie-Regimenter, die Theil an der Schlacht von Borodino genommen haben (mit Ausnahme der Garde-Kavallerie), weit schwächer, als die der Alliirten, und es scheint mir nicht uninteressant, hier einen Nachweis folgen zu lassen, woraus hervorgeht, dass auch nach der Zahl der Regimenter und ihrer Stärke zu urtheilen, doch eigentlich mehr Alliirte als Französische Reiter an dem betheiligt sind, was die Kavallerie bei Borodino (Moskwa) geleistet hat. — Hierzu finde ich mich um so mehr veranlasst, weil gewöhnlich nur von den Leistungen der Französischen Kavallerie die Rede ist, und die meisten Schriftsteller es kaum der Mühe werth finden, die Zahl der Alliirten besonders hervor zu heben. — Wie oberflächlich auch der Marquis Chambray (pag. 171 Uebersetzung von Blesson) in Betreff der Schlacht an der Moskwa sich geäussert hat, habe ich bereits nachgewiesen, und es handelt sich nur noch darum, seinen Irrthum in Bezug auf die Kavallerie, welche dort mitwirkte, vollständig zu constatiren.

a. Französische Regimenter waren vorhanden:

Grenadier à cheval (Gensd'armes d'Elite)
1 Reg.

Carabiniers	2 „	18 Reg.
Cuirassiere	10 „	schwere
Garde – Dragoner	1 „	Kavaller.
Dragoner	4 „	

Chasseurs der Garde (nebst Ma-
melucken) . . . . 1 „ } 25 Reg.
Chasseurs . . . . 11 „ } leichte
Chasseurs (Lanciers) [15]) . . . . 6 „ } Kavaller.
Husaren . . . . 7 „ }

also in Summa Summarum . 43 Reg. sofern man die beiden Garde–Lancier–Regimenter nicht mitrechnet. —

Das 1. dieser Regimenter bestand ganz aus Polen, das 2. zum Theil aus Holländern, und ein drittes wurde erst in Warschau errichtet; sie können daher als Ausländer betrachtet werden.

---

[15]) Einschliesslich des 7. Chasseur- (Lancier-) Regiments, welches dem Hauptquartier attachirt war, eigentlich 7 Chasseurs-Regimenter. Mehrere Regimenter sind als Chasseur – Lanciers bezeichnet, die ich ohne Lanzen sah; vielleicht hatten sie sich derselben entledigt, oder es beruht diese Bezeichnung auf einer Verwechslung der Regimenter, die Napoleon vor der Campagne eiligst mit Lanzen versehen liess. Auch die Russen müssen von ähnlichen Ansichten ausgegangen sein, denn wir sahen einige Mal Husaren-Regimenter, die wenigstens theilweise (ich glaube, das 1. Glied), mit Lanzen bewaffnet waren.

b. Von den Alliirten waren vorhanden

(ohne die Lanciers der Garde, 1 Holländisches, 1 Polnisches
= 2 Regimentern):

1. **Polen:**	Ulanen	11 Reg.	
	Husaren	2 „	17 Reg.
	Jäger zu Pferde . .	3 „	
	Cuirassiere	1 „	
2. **Sachsen:**	Cuirassiere . . .	2 „	3 „
	Chevauxlegers . .	1 „	
3. **Westfalen:**	Husaren . . .	2 „	
	Garde–Chevaux-		
	legers (und Deta-		5 „
	chements von den		
	Garde du Corps)	1 „	
	Cuirassiere . .	2 „	
4. **Bayern:**	Chevauxlegers . .		6 „
5. **Würtemberg:**	Jäger zu Pferde	2 „	4 „
	Chevauxlegers	2 „	
6. **Preussen:**	Ulanen	1 „	2 „
	Husaren	1 „	
7. **Italiener:**	Chasseurs . . .	2 „	4 „
	Garde–Dragoner .	2 „	

Summa Summarum . . 41 Reg.

Wenn nun gleich 43 Französische Regimenter verzeichnet stehen, und dagegen nur 41 Regimenter von
den Alliirten aufgeführt sind, so gleicht sich dies, in
Bezug auf das, was in der Schlacht von Borodino mitgefochten hat, dadurch aus, dass die Garde-Kavallerie-
Regimenter keinen Antheil an der Schlacht nahmen, und
es kämpften daher 37 Französische und 41 alliirte Regimenter gegen die Russische Kavallerie, deren Pferde
noch in gutem Stande waren, und die, nach dem was
ich ermitteln konnte, besonders wenn man die Kosa-

ken hinzurechnet, mindestens eben so zahlreich gewesen ist. [16])

Der General Clausewitz versichert wenigstens als Augenzeuge, dass es der Russischen Armee auf dem Rückzuge bis Borodino niemals an Lebensmitteln fehlte, und ausserdem ist ja bekannt, dass die Kosaken der Linien-Kavallerie stets den beschwerlichsten Dienst ganz abnehmen, daher der Zustand der Russischen Kavallerie im Vergleich zur Französischen ganz vortrefflich gewesen sein muss. [17]) Da aber die Französischen Kavallerie-Regimenter, wie ich mich vielfach überzeugt habe, im Vergleich zur Kavallerie der Alliirten weit schneller zusammengeschmolzen waren, so glaube ich, dass man mit Sicherheit annehmen kann, dass an besagtem Schlachttage von den sub a angeführten 43 Französischen Regimentern nur . . . . . 13,400 Pferde

von den sub b angegebenen 41 alliirten

Regimentern aber . . . . 16,000 „

dienstfähig waren, wenn (?) in Summa 29,400 Pferde

---

[16]) Nach den mir am zuverlässigsten scheinenden Nachrichten bestand die Russische Linien-Kavallerie aus 170 Eskadronen und 24 Kosaken-Pulks. Die Linien-Regimenter hatten in den Gefechten noch wenig gelitten und in Folge von Anstrengung noch gar keine Pferde verloren; man kann daher füglich die Stärke einer Eskadron auf 115 dienstfähige Pferde, und die Kosaken-Pulks auf 333 Pferde im Durchschnitt in Anschlag bringen, wonach also der Fürst Kutusow (19,550 Mann Garde- und Linien-Kavallerie und 8000 Kosaken) in Summa über 27,550 Mann gut berittener Kavallerie in der Schlacht bei Borodino zu disponiren hatte.

[17]) Dies bestätigt auch der General v. Hoffmann pag. 31 als Augenzeuge, indem er sagt: »Die Russen, obgleich bei gleicher Anstrengung »noch der Entmuthigung des Rückzuges ausgesetzt, hatten viel weniger ge- »litten etc. Mann und Ross waren im kraftvollen Zustande und wurden, »was hier besonders in Anschlag zu bringen ist, mit Hülfe des Zwiebacks »und eines zahlreichen, wohlbespannten Fuhrwerks regelmässig und gut verpflegt.« —

Bei den verschiedenen Attaken wurden auch nur wenige Russische Kavalleristen gefangen genommen, und ich erinnere mich nicht, einen Russischen Kavallerie-Offizier als Gefangenen gesehen zu haben. — Einige

wirklich noch dienstfähig vorhanden gewesen sind; woran
ich indess zweifeln möchte, da die Stärke und der Zustand der beiden Sächsischen Cuirassier-Regimenter an
Ort und Stelle Aufsehen erregte, obgleich dieselben
schon bis auf 400, resp. 450 Pferde in Reih' und Glied
zusammengeschmolzen waren. In Betracht des Zustandes der Bayerischen Kavallerie muss ich aber schliesslich bemerken, dass ich nur die, der Division Chastel
zugetheilten 2 Bayerischen Chevauxlegers-Regimenter
selbst gesehen habe. Diese Regimenter hatten bereits
ausserordentlich viel gelitten. — Es befanden sich aber
noch 4 Bayerische Kavallerie-Regimenter beim Corps
des Vice-Königs — und es unterliegt überhaupt keinem
Zweifel, dass dieselben ebenfalls in der Schlacht mitwirkten —; auch ist in der Rangliste der Bayerischen
Armee ausdrücklich gesagt, dass 6 Regimenter an der
Moskwa mitgefochten haben.

Die beim Corps des Vice-Königs aufgeführten 4 Bayerischen Kavallerie-Regimenter gehörten allerdings, nach
Plotho, zum 6. Armee-Corps unter St. Cyr. An deren
Stelle mag die Division Doumerc (das 4. und 7. Französische Cuirassier-Regiment, das 14. und 12. Chasseur-
(Lancier-) Regiment) zu dem besagten Armee-Corps
gekommen sein, da diese Division nicht beim 3. Kavallerie-Corps anwesend war, dagegen in der Nähe von
Polozk mitgefochten hat. [18]) Auch die Dragoner unter

Russische Kavalleristen (Polnischer Abkunft) meldeten sich als Ueberläufer
nach dem Angriff auf Semenofskoy; sie waren sehr gut beritten und wurden dem Obersten Malachowsky überwiesen, nachdem der General Latour-
Maubourg ihre Aussagen angehört hatte.

[18]) Ich erinnere mich übrigens, dass ich die Division Doumerc an der
Beresina den 26. November gesehen habe, als dieselbe unter sehr erschwerten Umständen die Brücke passirte. Sie mochte, wie mehrfach angegeben
wird, wohl noch 500 Pferde stark sein, und hat, wie bekannt, vortreffliche Dienste geleistet, als Tschitschagof endlich angriff; auch zweifle ich
nicht daran, dass sie viele Gefangene machte, da ich dieselben noch am

General Cavaignac, die Plotho beim 3. Infanterie-Corps
(Ney) aufführt, waren nicht vorhanden. — Sie waren
am 3. Januar bei Königsberg so eben angelangt und
figurirten also wohl nur auf den Rapporten. —

§. 6.

Die Eintheilung der Russischen Kavallerie war insofern der Französischen ähnlich, als man vor der
Schlacht die vorhandenen 4 Kavallerie-Corps (bis dahin 24 Eskadronen stark und aus Dragonern und Ulanen bestehend) noch durch die bei der Arriergarde und
der Infanterie befindlichen Husaren – Regimenter ver-
stärkte. Die Kavallerie-Corps erhielten dadurch einen
Zuwachs von nah' an 40 Eskadronen und sie bestanden nun, wie folgt:

---

29. auf dem Marsch nach Zembin sah, und es leider bestätigen muss, dass
einige dieser Unglücklichen, die nicht mehr fort konnten, oder sich vielleicht zur Wehre setzten, von der Eskorte todtgeschossen wurden. Es sind
zwar 1500 Gefangene angegeben; das, was ich sah, schätze ich auf 7—800
Mann, die sich in einem erbarmungswürdigen Zustande befanden.

Ich war, als wir uns am 26. November in der Gegend von Stutzienka
etablirten, abgeschickt worden, um Nachrichten einzuziehen, und habe
einige Zeit dem Defiliren der Truppen zugesehen, das nicht gut von Statten ging, obgleich die Gensd'armes d'Elite kräftig einschritten und der
Kaiser selbst thätig war. Gegen Abend kehrte ich auf den Bivouac-Platz
zurück und wir zogen nachträglich in die Gegend von Wesselowo, kehrten aber, nach dieser Demonstration, am 27. Abends wieder zurück nach
Stutzienka, wo wir bis gegen Mittag den 28. November auf der Anhöhe.
die Victor zuletzt hartnäckig vertheidigte, vergeblich auf weitere Befehle warteten, und die beiden Ufer weithin übersehen konnten. Der Graf
Segur sagt nicht zuviel, indem er den Wirrwarr an der Brücke mit
lebhaften Farben schildert; denn ich habe die furchtbarsten Scenen mit angesehen, da ich im Gedränge (als Thielemann sich Nachmittags mit dem
Säbel in der Faust durchschlug) zurückblieb, erst am 29. November mit
Tagesanbruch, nach mancherlei Ungemach, die Brücke erreichte, und bis
zur Zeit, wo man sie zerstörte, mit der Rettung einiger Kameraden und
unserer Bagage beschäftigt, das Ende der ganzen Katastrophe mit ansah.

1. Kavallerie-Corps unter General Uwarow, beiläufig	34 Eskadr.	= 3,910 Pferde	
2. Kavallerie-Corps unter General Korf zählte beiläufig	34 „	= 3,910	„
3. Kavallerie-Corps unter General Kreutz beiläufig	30 „	= 3,450	„
4. Kavallerie-Corps unter General Sievers beiläufig	32 „	= 3,680	„
I. Cuirassier-Division, General-Major Depreradowitsch	20 „	= 2,300	„
II. Cuirassier - Division, General-Major Duka .	20 „	= 2,300	„
Es bildeten also die in			

Summa vorhandenen . 170 Eskadr. = 19,550 Pferde
sechs grössere Kavallerie-Massen.

Da die Kosaken in der Schlachtlinie selbst, ihrer Natur nach, nicht gebraucht werden konnten, und das waldige Terrain auf dem linken Flügel für ihre Verwendung höchst ungünstig war, so konnten dieselben allerdings nur auf dem rechten Flügel mit Vortheil verwendet werden; es fällt indess doch auf, dass, wie es scheint, nur etwa 2000 Kosaken unter dem Hettmann Platow auf dem rechten Flügel gegen den Vice-König wirklich mitwirkten; denn es ist ausserdem nur noch von der Verwendung eines Kosaken-Detachements unter General Karpoff auf dem äussersten linken Flügel die Rede. Nach den meisten Angaben hatte der General Karpoff vier Kosaken-Regimenter; bringt man deren Stärke selbst mit 1500 Mann in Anrechnung, so ergiebt es sich doch, dass auch in dieser Schlacht nah' an 4000 Kosaken, als Ordonnanzen und Wachen bei der Bagage oder als müssige Zuschauer, blos figurirten.

Betrachtet man die Verwendung der aufgezählten 6 Kavallerie-Massen in grösseren Zügen, wie sie schon vor dem Beginn der Schlacht vertheilt waren, so ergiebt es sich, dass die 4 Kavallerie-Corps ziemlich gleichmässig hinter den Infanterie-Corps — abgesondert aufgestellt waren, und dass die beiden Cuirassier-Divisionen — ebenfalls getrennt — in gewisser Art als Reserve hinter ihrer Mitte standen. — Zur Unterstützung der Infanterie waren diese Kavallerie-Corps — zwischen 3 bis 4000 Pferde stark — allerdings geeignet, und es scheint, dass man auch auf das Zusammenwirken eines solchen Kavallerie-Corps mit einer Cuirassier-Division rechnete, in welchem Falle gegen 6000 Pferde zu gleicher Zeit an den Feind gebracht werden konnten. — Nach der Art der Aufstellung ist man zwar zu dieser Vermuthung berechtigt, denn es stand die 2. Cuirassier-Division (Duka) hinter dem Dorfe Semenofskoy, und das 4. Kavallerie-Corps (Sievers) rechts von diesem Dorfe, unmittelbar hinter der Infanterie; allein es findet sich keine Spur von einer Vorkehrung, um eine gehörige Einheit im Commando herbeizuführen. Es war also vorauszusehen, dass jede dieser Kavallerie-Abtheilungen — im glücklichsten Falle nur eben noch zur rechten Zeit dem zunächst stehenden Infanterie-Corps zu Hülfe kommen würde.

Napoleon hatte im Gegensatze seine Kavallerie anfangs nur in drei grösseren Massen verwendet, und ich will es versuchen, nachstehend durch eine Vergleichung der beiderseitigen Aufstellungen den Beweis zu liefern, dass von Seiten des Kaisers überall auf ein kräftiges Zusammenwirken im Voraus Bedacht genommen war.

1. Auf dem äussersten rechten Flügel der Russen stand der General-Lieutenant Uwarow (1. Kavallerie-Corps) und links von ihm der Generalmajor Korf. (2. Kavallerie-Corps); diese beiden Kavallerie-Corps wurden aber ziemlich entfernt von einander aufgestellt — betrugen in Summa 7,820 Mann — und waren von der übrigen Kavallerie durch den Slonez – Bach getrennt. Vorausgesetzt, dass es wirklich darauf abgesehen wäre, den rechten Flügel der Russen durch den Vice-König recht ernstlich angreifen zu lassen, so hatte derselbe (einschliesslich der Italienischen Garde-Kavallerie) unter Ornano und Grouchy 21 Kavallerie-Regimenter bei sich, die nur zu 348 Pferden angeschlagen, ebenfalls 7,308 Pferde stark waren. Eine bedeutende Ueberlegenheit der Russen konnte also dort nur durch die Kosaken, die in Ueberfluss vorhanden waren, herbeigeführt werden; nach dem, was uns indessen der General v. Clausewitz mitgetheilt hat, war aber Uwarow doch wohl nicht der Mann, der dem General Grouchy, der a priori auf den Oberbefehl der Kavallerie angewiesen war, die Wage halten konnte.

2. Von dem Slonez-Bach ab bis zum Dorfe Semenofskoy, also gewissermassen im Centrum, stand zuerst der Generalmajor Kreutz mit dem 3. Kavallerie-Corps und sodann der Generalmajor Sievers mit dem 4. Kavallerie – Corps, in Summa mit 7,580 Mann; auch war es möglich, den Generalmajor Depreradowitsch noch aus der Reserve mit der I. Cuirassier – Division vorrücken zu lassen (mit 2,300 Mann), wodurch allerdings 9,880 Mann Kavallerie vereinigt werden konnten. — An eine Uebereinstimmung in der Anführung und plötzliches Zusammenwirken war jedoch nicht zu denken, denn diese 3 Abtheilungen waren getrennt und sehr entfernt von einander aufgestellt. Ihnen stand aber beim Beginn der Schlacht der König

von Neapel mit 16,000 Pferden und 77 Geschützen gegenüber; — selbst nachdem Nansouty sich weiter rechts
gewendet hatte, standen immer noch Latour-Maubourg
und Montbrun mit ihren Kavallerie-Corps entgegen, und
da der König von Neapel noch, wie ich später nachweisen werde, die Division Valence zurückgelassen
hatte, so blieben doch noch 31 Kavallerie-Regimenter,
die, gering angeschlagen, ebenfalls 10,800 Pferde zählten,
ihnen gegenüber in Bereitschaft, und schon insofern im
Vortheil, als dort die Cuirassiere vereinigt waren und dem
König von Neapel unbedingt der Oberbefehl zustand.
(Das 2. Kavallerie-Corps hatte 29, das 4. Kavallerie-
Corps 24, die Division Valence 12 reitende Geschütze
bei sich, und der König von Neapel konnte demnach
zugleich über 65 Geschütze disponiren. Wie viel Geschütze den Russischen Kavallerie-Corps zugetheilt waren, habe ich nicht ermitteln können; da aber das 1.
Russische Kavallerie-Corps nach der Angabe des General v. Clausewitz nur 12 Geschütze mitführte, so vermuthe ich, dass auch die anderen Kavallerie-Corps
nicht reichlicher mit Artillerie versehen waren.)

3. Auf eine Unternehmung und feindlichen Angriff
mit Kavallerie oberhalb des Dorfes Semenofskoy
scheint man Russischer Seits kaum gerechnet zu haben,
denn es stand, wie gesagt, nur die II. Cuirassier-Division, unter Generalmajor Duca, als Reserve ziemlich
entfernt (etwa 2,300 Pferde stark) hinter Semenofskoy, und sie musste erst herbeigeholt werden, nachdem man vorher schon einen Theil des 4. Kavallerie-
Corps (unter Generalmajor Sievers) dahin dirigirt hatte. —
Gegenüber folgte aber Girardin hinter Davoust mit 10
Kavallerie-Regimentern, und hinter Ney von dem 1.
Kavallerie-Corps unter Nansouty 2 Divisionen, 9 Regimenter stark, so dass in Zeiten dort 19 Kavallerie-
Regimenter oder in Summa 6,612 Pferde vereinigt wa-

ren, zu denen noch die Westfälische Kavallerie (3 Regimenter) hinzukam.

Wie es vorauszusehen war, so war auch der Erfolg im Verlauf der mörderischen Schlacht; — der General Sievers musste, wie oben gesagt, nach dem linken Flügel detachiren und der General Duca (der sehr zeitig herangeholt wurde) that sein Möglichstes, war aber oberhalb Semenofskoy der feindlichen Ueberlegenheit nicht gewachsen; der General Siefers rettete endlich die bedrängte Infanterie, — durch sein Einschreiten unterhalb Semenofskoy, als Latour-Maubourg dort angriff; auch der General Kreutz unterstützte am Morgen die Infanterie bei der Vertheidigung der Rajefsky-Schanze und kam ihr später (um 3 Uhr) auf dem Rückzuge zu Hülfe. Drei Regimenter von der I. Cuirassier-Division wurden schon am Vormittag nach Semenofskoy zur Unterstützung von Sievers detachirt und langten dort ganz am Schluss des Gefechtes an, das mit dem Verlust des Dorfes endigte. Der General Uwarow, im Verein mit dem Hettmann Platow, brachte dagegen die kostbare Zeit mit einer Umgehung und einem Flanken-Angriff zu, welcher der Vertheidigungs-Schlacht keine bessere Wendung zu geben vermochte: das 1. Russische Kavallerie-Corps, welches mit 3,910 Pferden in Rechnung gestellt ist, war daher in dem wichtigsten Augenblick nicht bei der Hand, denn es erfolgte dessen Rückkehr erst, nachdem Latour-Maubourg und Caulaincourt gegen 3 Uhr vereint die Eroberung der Rajefsky-Schanze längst ausgeführt hatten. Der General Korf, der an dem Unternehmen Uwarows keinen Theil genommen, kam ebenfalls, wie es vorauszusehen war, zu spät erst gegen Mittag vom rechten Flügel herbei, um die Ueberlegenheit der Französischen Kavallerie am Vormittag, also zeitig genug, auszugleichen. Die I.

Cuirassier-Division wurde allem Anschein nach sogar noch auseinandergerissen, denn es wurde der eine Theil, wie oben erwähnt, in der Richtung nach Semenofskoy zu verwendet und der andere aber erst ganz am Schluss der Schlacht jenseits der Rajefsky-Schanze — noch eben zur rechten Zeit — zum Einhauen gebracht. Versucht man es dagegen, die Bewegungen der Französischen Kavallerie nach dem Beginn der Schlacht bei Borodino, von 6 Uhr bis 9 Uhr, ausführlicher darzustellen, so ergiebt es sich, dass

a. Die 4 oder 5 Kavallerie-Regimenter, welche Poniatowsky auf dem äussersten rechten Flügel bei sich hatte, Anfangs nach der Beschaffenheit des Terrains vollkommen ausreichten.

b. Dass aber die 10 Kavallerie-Regimenter (unter Girardin vereinigt) die zur Unterstützung von Davoust gefolgt waren, sehr bald vollauf zu thun hatten, da auch die 3 Kavallerie-Regimenter unter Hammerstein (der mit Junot hinter Ney bald nachgefolgt ist) sehr zeitig ins Gefecht kamen, und es ergiebt sich endlich, dass bei den wiederholten Angriffen auf die Redans, südlich von Semenofskoy (die Anfangs Davoust leitete, bei denen der General Rapp einige Zeit mitwirkte, und die endlich Ney nach vielen Anstrengungen durchführte) diese 13 Kavallerie-Regimenter dem Andrange der Russischen Cuirassiere unter General Duca (nebst einigen Dragoner-Regimentern von Sievers) nicht mehr hinreichenden Widerstand leisten konnten, da schon gegen 8 Uhr das 1. Reserve-Kavallerie-Corps (Nansouty) nachgeholt wurde und von den 13 Kavallerie-Regimentern, aus denen es bestand, nur die Division Valence (A. 3.) en reserve blieb, während die Divisionen der Generale Bruyère (A. 1.) und St. Germain (A. 2.) (9 Regimenter) abwechselnd auf Russische Kavallerie und Infanterie attakirten. Es waren also zu der Zeit

schon 22 Regimenter, beiläufig 7,700 Pferde dort verwendet.

c. Nimmt man an, dass die Division Valence, wie
es höchst wahrscheinlich ist, noch gar keinen Antheil
am Gefecht genommen hat, so blieben dem König von
Neapel zu der Zeit immer noch zur Disposition:

1) die Division Valence (A. 3.) darunter 3 Cuirassier-Regimenter mit . . . . . . 4 Reg.

2) das 2. Kavallerie-Corps (Montbrun) mit 15 „
worunter 6 Cuirassier-Reg. (B. 1. 2. 3.)

3) das 4. Kavallerie-Corps (Latour-Maubourg) mit . . . . 12 „
worunter 5 Cuirassier-Regim. (C. 1. 2.)

Summa 14 Cuirassier - und 17 leichte Kavallerie-Regimenter . . . . = 31 Reg.
und es waren also zu der Zeit als Reserve noch vorhanden: 31 Regimenter oder etwa 10,850 Pferde.

Die Französischen Garden standen noch als Reserve bei Schewardino (K. K.); auch hatte Napoleon
noch die Weichsel-Legion (N. N.) und die Division
Friant (M. M.) für besondere Fälle aufgespart. Da
sich bei der Garde noch 5 Kavallerie-Regimenter befanden, die etwa 2,500 Pferde stark sein mochten, so
stand also dem Kaiser überhaupt noch bis gegen 9 Uhr
eine Kavallerie-Reserve von 13,350 Pferden zur Disposition, obgleich das 4. Kavallerie-Corps, unter Latour-Maubourg (II. C. 1. 2.), der Bewegung von Davoust (H. H. 2.) und resp. Ney (H. H. 1.) auf dem
linken Flügel langsam gefolgt war, und seit einer
Stunde schon ab und zu von den feindlichen Geschossen erreicht wurde. Das 2. Kavallerie-Corps (B. 1. 2. 3.)
unter Montbrun war indess noch nicht so nahe gerückt,
und stand rechts hinter dem 4. Kavallerie-Corps
(II. C. 1. 2.). Dieser zahlreichen Kavallerie vermochte

aber der Fürst Kutusow, nach der Art, wie er die seinige vertheilt hatte, wie gesagt, nur noch einen geringen Theil des 4. Kavallerie-Corps (Sievers) und des 3. Kavallerie-Corps (Kreutz) noch in Zeiten entgegenzustellen. [19]) Napoleon hatte dagegen, wie es sich hier herausstellt, bis gegen 9 Uhr 13,000 Mann Kavallerie ziemlich zusammen gehalten, während Kutusow nur noch über die I. Cuirassier-Division, die sehr entfernt bei Kniaskowo in Reserve stand, zu disponiren hatte; — wenn er nicht die auf dem äussersten rechten Flügel verwendeten beiden Kavallarie-Corps — das 1. und 2. — abrufen wollte.

d. Der Vice-König von Italien hatte schon vor 7 Uhr auf dem linken Ufer der Kalotscha seine Truppen

---

[19]) Das 3. Kavallerie-Corps (Kreutz) ist mit 3,450 Pferden aufgeführt; vom 4. Kavallerie-Corps (Sievers) war mindestens die Hälfte schon nach den Bagrations-Schanzen, also links detachirt und es können daher höchstens 1800 Pferde davon in Rechnung gestellt werden. Der Fürst Kutusof hatte demnach nur noch 5,250 Pferde auf dem Plateau (vom Dorfe Semenofskoy bis zum Slonetz-Bach) bei der Hand. Durch die Detachirung von Uwarow verzichtete man aber ganz auf die Heranziehung des 1. Kavallerie-Corps, und die Ausgleichung der augenscheinlichen Ueberlegenheit der Französischen Kavallerie im Centrum hing demnach von der Ankunft des 2 Kavallerie-Corps (Korf) ab. Dieses Kavallerie-Corps stand aber hinter Gorki und der Abmarsch musste so lange bedenklich erscheinen, als sich der Vice-König noch auf dem linken Ufer der Kalotscha befand. Selbst wenn Kutusof schon zu dieser Zeit die 1. Cuirassier-Division (Depreradowitsch) in's Spiel brachte, so steigerte sich der Bestand seiner Kavallerie auf dem Plateau nur bis zu 7,500 Pferden und der König von Neapel blieb denselben, also abgesehen von der Garde-Kavallerie, noch immer überlegen, da ihm 31 Regimenter (etwa 10,850 Pferde) zur Disposition standen.

Von der 1. Cuirassier-Division wurden wie bekannt zuvörderst 3 Regimenter, die Leib-Cuirassiere des Kaisers, die Cuirassiere der Kaiserin und das Regiment Astrachan (mit 3 Garde-Infanterie-Regimentern), von Kniaskowo aus dem Fürsten Bagration zu Hülfe geschickt; das 2. Kavallerie-Corps von Korf folgte erst später, vom rechten Flügel her gegen Kniaskowo und schloss sich an die Verstärkungen an, die der General Baygowud (8 Infanterie-Regimenter) dem Russischen Centrum zuführte, und es scheint also, dass der General Korf erst um 12 Uhr dort anlangte.

in Bewegung gesetzt und das Dorf Borodino erobert,
wobei Ornano (mit höchstens 8 Regimentern Kavallerie)
zugegen war. Von den 21 Kavallerie-Regimentern,
die dem Vice-König überhaupt zu Gebote standen, folgte
dagegen Grouchy mit 11 Regimentern hinter der Infanterie; ausserdem waren noch die beiden Italienischen Garde-Dragoner-Regimenter bei seiner Reserve
zurückgeblieben, so dass also 13 Regimenter (etwa
4,500 Pferde) bis gegen 9 Uhr dort keinen Theil am
Gefechte nahmen. — Nachdem von besonders grossen
Leistungen Ornano's nichts aufzufinden ist, so scheint
es, dass er nur der Division Delzons, die Borodino
eroberte, die linke Flanke sicherte oder überhaupt gefolgt ist.

§. 7.

1. Da bis dato noch keine Schriften erschienen
sind, die einen hinreichenden Aufschluss [20] über die
Detail-Verwendung von dem Theil der Französischen
Kavallerie geben, der rechts von Semenofskoy mitwirkte, als Davoust angriff und Ney (II. H. H. 1.)
endlich die Redans (gewöhnlich Bagrations-Schanzen
genannt) eroberte, so beschränke ich mich darauf, vor
allen Dingen zu bemerken, dass die dort (anfangs unter persönlicher Mitwirkung des Königs v. Neapel)
verwendeten 22 Regimenter zu wiederholten Malen die
Russische Reserve-Kavallerie [21] zurückwarfen; auch

---

[20] Als ich dies äusserte, war die Schrift des Generals von Hofmann
„die Schlacht von Borodino" noch nicht erschienen; ich verweise nachträglich auf das, was pag. 34 und 36 gesagt wird, indem dort die Verwendung dieser Kavallerie, in Folge sorgfältiger Ermittelungen, nachgewiesen ist. —

[21] Von Russischer Seite brach der General Duca gegen 8 Uhr mit der
2. Cuirassier-Division, welche 20 Eskadronen stark angegeben ist, zwischen

nach dieser Eroberung zur Behauptung noch wesentlich beigetragen haben, und bis gegen Abend einem
heftigen Kanonenfeuer ausgesetzt blieben, weil die Infanterie zu sehr erschöpft war und Davoust und Ney,
die keine Unterstützung erhielten, sich darauf beschränken mussten, die Verbindung mit Poniatowsky (durch
das Westfälische Corps) herzustellen; daher auch nur
bis an die Semenofska, und also nicht sehr weit über
die besagten Schanzen hinaus vorrücken konnten. —

Der Marschall Davoust rühmt nämlich in seinem
Bericht vom 9. September den Angriff, den die Würtembergische Kavallerie gemacht hat (14. Kavallerie-
Brigade), und ich könnte nur das wiedergeben, was
in v. Müllers Darstellung des Feldzuges leicht aufzufinden ist. Ebenso ist aus dem Bericht des Königs von
Neapel nur zu entnehmen, dass die Divisionen Bruyère
(II. A. 1.) und St. Germain (II. A. 2.) mitgefochten
haben und dass namentlich die 1ste Brigade von der
Division Bruyère die Russischen Cuirassiere zurückgeworfen hat. [22]) Der König von Neapel sagt nämlich
weiter:

Davoust und Ney durch und traf hier auf die Infanterie-Divisionen Thar-
reau und Ochs vom 8. Corps, die im Marsch nach dem rechten Flügel
von Davoust begriffen waren. — Das 1. Kavallerie-Corps (Nansouty) rückte
zur Unterstützung dieser Infanterie vor, und die Division Bruyère von diesem Corps verfolgte die Russische Kavallerie, die zum Umdrehen endlich
genöthigt wurde.   General v. Hofmann.

[22]) Das Preussische Husaren-Regiment gehörte zur Division Bruyère,
es bestand aus 2 Eskadronen des Brandenburgschen und 2 Eskadronen des
Pommerschen Husaren-Regimentes. Am 23. Juni war dasselbe noch 648
Pferde stark, in Folge von Gefechten und übermässiger Anstrengung war
es bis zum 7. September soweit zusammengeschmolzen, dass nur 288 Pferde
als dienstfähig in Reih und Glied gestellt werden konnten. — Der Major
v. Kalkreuth berichtet als Augenzeuge in Betreff der Schlacht bei Borodino:
»Mehrere Kavallerie-Angriffe wurden zurückgeschlagen, und nament-
»lich warfen wir eine feindliche Cuirassier-Colonne, die sich eben einer
»unserer Batterien bemächtigen wollte. Späterhin hatten wir viel

„Le 1. Corps de cavalerie reçut l'ordre de se por-
„ter derrière ces mêmes rédoutes etc."

und rühmt endlich die Angriffe, welche die Cuirassier-
Division St. Germain (III. A. 2.) machte, indem er
sagt:

„La Division de Cuirassiers, aux ordres du Gé-
„néral St. Germain, chargeait vigoureusement tout
„ce qui se trouvait à la droite des deux redou-
„tes, et *balayait la plaine jusqu'au ravin* [23]*) du
„village."* [24])

Sehr weit ist diese Kavallerie aber, nach dem was ich
gehört habe, nicht vorgerückt, denn die Russen for-

„durch Artillerie und Infanterie zu leiden und verloren an diesem Tage
„1 Offizier, 10 Mann und 35 Pferde an Todten, und 2 Offiziere; 22
„Mann und 26 Pferde an Blessirten"
Nach einer Angabe des Lieutenant Stiemer deckte das Regiment auf dem
r e c h t e n Flügel eine Batterie, und dasselbe hatte bis 2 Uhr Nachmittags
— das heftigste Feuer von 2 Russischen Batterien zu bestehen —; doch
schlugen die meisten Kugeln — sehr verheerend — in die hinter dem Regimente stehenden Cuirassiere ein. Schliesslich machte der König von
Neapel am Abend um 6 Uhr mit dieser Kavallerie noch eine Attake; bei
der das Preussische Husaren-Regiment auf Russische Infanterie stiess, die
im sogenannten Knieholz (?) stand; wobei der Lieutenant Stiemer verwundet wurde. — Hieraus scheint hervor zu gehen, dass der König von Neapel mit den Divisionen Bruyère und St. Germain (vom 1. Kavallerie-Corps),
ganz am Schluss der Schlacht, noch einen Kavallerie-Angriff unternahm
und zwar jenseits des Grundes, in welchem die Semenofska fliesst; jedenfalls o b e r h a l b des Dorfes Semenofskoy. — Das Regiment bezog am
Abend einen Bivouac in der Nähe von Semenofskoy.

[23]) Also bis an den Semenofska-Bach, oberhalb des Dorfes Semenofskoy, auf einem für Kavallerie sehr beschränkten Raume

[24]) Diese Angriffe erfolgten, nach des Generals v. Hofmann Angabe
pag. 36, gegen 10 Uhr mit der Division Bruyère und St. Germain mit
günstigem Erfolge auf die von den Schanzen abziehenden zerstreuten Truppen; — doch gelang es der Französischen Kavallerie nicht, die Quarrées
der Garde-Regimenter Ismailof und Litthauen, die sich auf den Flügel der
Reste von Kanownicin gesetzt hatten, zu sprengen, und es musste dieselbe
nach wiederholten und selbst umringenden Angriffen mit Verlust abziehen,
als die Russische Kavallerie, verstärkt durch 3 Cuirassier-Regimenter, die
aus der Reserve herbeigekommen waren, hier wieder der bedrängten Infanterie zu Hülfe kam.

mirten sich, nach dem Verlust der Bagrations-Schanzen, jenseits des Semenofska-Grundes unter dem Schutz ihrer zahlreichen Artillerie; die Französische Kavallerie blieb also vielmehr, nachdem sie wiederholt attakirt und die Russische Kavallerie zurückgeworfen, auch mehrere Infanterie-Abtheilungen in grosse Verlegenheit gebracht hatte, in der Nähe von Ney und Davoust, deren Truppen zu sehr gelitten hatten und sich daher auch beim rechten Lichte betrachtet, nothgedrungen auf die Behauptung der Bagrations-Schanzen und des Dorfes Semenofskoy beschränken mussten. — Der König von Neapel hatte sich zeitig zum 1sten Kavallerie-Corps begeben und tummelte sich dort in gewohnter Art herum, so lange die Kavallerie, die Nansouty heranbrachte, damit beschäftigt war, die Russische Kavallerie (General Duca) zurückzuwerfen. Erst als Latour-Maubourg bereits die Anhöhe unterhalb Semenofskoy erobert hatte, kam Murat wieder zu uns, doch blieb er immer in der Nähe des Dorfes. Wie ich es weiterhin genauer angeben werde, scheint es, dass Murat die Division Valence, vom 1. Kavallerie-Corps, ebenfalls dahin dirigirte, oder zur Zeit, als er sich zu Latour-Maubourg begab, vielleicht mitbrachte —, weil in der That oberhalb Semenofskoy kein Raum mehr zu ihrer Verwendung vorhanden war.

2. Die Nachrichten über die Verwendung der 4 oder 5 Kavallerie-Regimenter, die sich bei Poniatowski befanden, sind ebenfalls sehr dürftig, und es geht nur aus dem Bericht des Fürsten, vom 7. September datirt, hervor, dass die Kavallerie Nachmittags 2 Uhr, als er den mit Kanonen besetzten Hügel wieder angreifen liess, bei der Eroberung kräftig mitgewirkt hat, indem sie den Feind von hinten angriff, während die Infanterie den Angriff in der Front ausführte.

3 *

§. 8.

Wie bekannt erhielt der General Morand vom Vice-König schon um 9 Uhr den Befehl zum Angriff der grossen Schanze (von den Franzosen grande Redoute, von den Russen aber Rajefski-Schanze genannt), wurde aber nach mehrfachen Anstrengungen zurückgeworfen und der Vice-König ging also zu dieser Zeit (zwischen 8 und 9 Uhr, die Kavallerie von Ornano und die Baierische Kavallerie-Division bei der Infanterie-Division Delzons auf dem linken Ufer der Kalotscha zurücklassend)mit dem grössten Theil seiner Truppen zur Unterstützung von Morand auf's rechte Ufer der Kalotscha über; auch steht es ausser Zweifel, dass Grouchy mit dem 3. Reserve-Kavallerie-Corps ebenfalls über die Kalotscha nachfolgte, denn es spricht sich ein Augenzeuge (Feldzüge der Sachsen 1812—1813 pag. 433—437) ganz bestimmt darüber aus, dass die Infanterie auf den Brücken, die man geschlagen hatte, die Kalotscha passirte, und dass Grouchy derselben zur Unterstützung nachfolgte.

Diese Kavallerie scheint indess den ganzen Vormittag an dem Gefecht noch keinen thätigen Antheil genommen zu haben, denn die Infanterie-Divisionen Gerard und Broussier, die der Vice-König zur Aufnahme von Morand heranbrachte, kämpften in einem Terrain, das sich nicht für Kavallerie eignete (da wo die Semenofska in die Kalotscha einmündet) um den Feind abzuweisen, der den General Morand wieder aus der Schanze herausgeworfen hatte und heftig verfolgte. Der General Grouchy stellte sich demnach (wenigstens die Division Chastel F. 1. nach der Angabe dieses Augenzeugen) hinter einer buschichten Schlucht, die Rajefsky-Schanze vor sich habend, auf, und blieb während des Kampfes, der endlich zum Stehen kam, in dieser Stellung (also auf dem rechten Ufer) dem Kanonenfeuer ausgesetzt. [25])

Zu dieser Zeit machte Uwarow den bekannten Kavallerie-Angriff auf den äussersten linken Flügel des Vice-Königs, und Grouchy schickte auf Befehl des Vice-Königs eiligst die Chasseur-Regimenter (das 6., 8. und 25. Regiment) von der Division Chastel dem General Ornano, der zurückgetrieben worden war, zu Hülfe. Ob das 6. Husaren-Regiment mit abgeschickt wurde, ist nicht zu ermitteln; ebenso wenig finde ich es angegeben, wie weit die Dragoner-Division La Haussaye dieser Bewegung (die der Vice-König selbst leitete) gefolgt ist. Soviel steht indess fest, dass Napoleon, endlich besorgt um die Verbindung mit dem linken Flügel, das 2. Kavallerie-Corps (II. B. 1. 2. 3.) (Montbrun) nach der Kalotscha zu dirigirte und auch die

---

[25]) Man scheint überhaupt von oben herab das Terrain nicht genau gekannt zu haben, denn die Division Chastel war bis Nachmittag (wie ein eingeklemmter Bruch) zwischen der Infanterie und der Kalotscha eingezwängt. In welchem Masse diese Division gelitten hat, bevor sie am Nachmittage zum Einhauen kam, geht aus der Schilderung dieses Augenzeugen hervor. Die Stunden sind zwar nicht angegeben, aus dem ganzen Zusammenhang der Erzählung geht aber klar hervor, dass die Division Chastel beiläufig von 10 Uhr Morgens bis Nachmittags 2 Uhr fortwährend der Wirkung der Geschütze von der Rajefsky-Schanze her blossgestellt wurde. Das Sächsische Regiment Prinz Albrecht Chevauxlegers verlor allein 110 Pferde, die todtgeschossen oder blessirt wurden; 1 Offizier und 13 Mann blieben auf dem Platze, 7 Offiziere und 64 Mann wurden meist sehr schwer blessirt, und 32 Mann vermisst. — Schon vor der Schlacht hatte das Regiment, durch Anstrengungen und Gefechte dergestalt gelitten, dass es am Tage der Schlacht nur mit 200 Pferden ausrücken konnte. — Es war also schon vor der Schlacht bis auf $\frac{1}{3}$ seiner ursprünglichen Stärke heruntergekommen und hatte nach der Schlacht, obgleich dasselbe bei den Attaken nur wenige Leute verlor, höchstens noch 80 bis 90 dienstbrauchbare Pferde. — Die Bairischen Chevauxlegers befanden sich, wie ich mich selbst überzeugt habe, in keinem viel bessern Zustande und hatten in demselben Masse, wie das Sächsische Regiment auf eine unerhörte Weise durch die Artillerie gelitten.

Weichsel-Legion (II. N. N.) (Claparède), aus 4 In-
fanterie-Regimentern bestehend, von der Reserve ab-
schickte, um den Vice-König zu unterstützen. Endlich
ergibt es sich, dass die, zu Grouchys Kavallerie-Corps
gehörige, Dragoner-Division La Haussaye (F. 2.),
nachdem Uwarow seine Unternehmung aufgab, wieder
auf das rechte Ufer der Kalotscha zurückgekehrt sein
muss, da später wenigstens das 7. Dragoner-Regiment
(nach der Angabe des erwähnten Augenzeugen) an
der Attake Theil nahm, die Grouchy erst gegen Ende
der Schlacht unternahm. — Der General Pelet sagt ausdrücklich (im Spectateur militaire 1829):

„Als Napoleon durch die in der Mitte der Linie
„entstandene Lücke genöthigt wurde, die Division Friand
„dahin zu entsenden, liess er sie Semenofskoy gegen-
„über, am Abhange der vordern-Ravins, sich
„aufstellen (II. M. M.) und durch das 4. Kavallerie-
„Corps (Latour-Maubourg) (III. C. 2.) unterstützen.
„Ein wenig später wurde Claparède (die Weichsel-Le-
„gion) (II. N. N.) zu gleichem Zwecke abgeschickt.
„Er (Claparède) besetzte das Gehölz am andern Theile
„des Grundes — zur Rechten des Vice-Königs (E. 1. 2.).
„Sobald die Russischen Jäger aus dem Gehölze ver-
„trieben waren, erhielt das 2. Kavallerie-Corps (Mont-
„brün) (II. B. 1. 2. 3.) Befehl, sich dort aufzustel-
„len und dem Grunde zu nähern, um die Lücke zwi-
„schen der Mitte und dem linken Flügel auszufüllen.
„Diese Aufstellung war den Grundsätzen zuwider,
„wurde aber durch die Umstände gerechtfertigt.“

Da aber der Vice-König, wie oben erwähnt, der
Division Morand (die in der grössten Auflösung am
Ende zurückgeworfen worden ist) mit den Infanterie-
Divisionen Gérard und Broussier (auf dem rechten Ufer
der Kalotscha) zu Hülfe gekommen war und nun auch
die Division Delzons und Ornano's Reiterei von Uwarow

(auf dem linken Ufer der Kalotscha) angegriffen wurden, so ist es höchst wahrscheinlich, dass er die Italienische Garde (5 Bataillone und 2 Kavallerie-Regimenter, Italienische Dragoner) ebenfalls zur Unterstützung gegen Borodino dirigirte, und es ergibt sich also, dass zwischen 11 und 12 Uhr in Folge des drohenden Angriffs von Uwarow nachstehende Kavallerie-Regimenter auf dem linken Ufer der Kalotscha detachirt waren:

1. Der General Ornano, mit dem 19. und 9. Chasseur-Regiment; dem 2. und 3. Italienischen Chasseur-Regiment; dem 3., 4., 5. und 6. Baierischen Chevauxlegers-Regiment (General Preusing und Graf Seidewitz) Summa . . . . . . 8 Regimenter.

2. Von der Division Chastel die Chasseur-Regimenter Nro. 6, 8 und 25, die nachgeschickt wurden, in Summa 3 „

3. Als Reserve aufgestellt die Dragoner-Division La Haussaye und die beiden Italienischen Garde-Dragoner-Regimenter . . . . . 6 „

Facit . 17 Regimenter.

Endlich geht hieraus hervor, dass der General Grouchy zu dieser Zeit auf dem rechten Ufer der Kalotscha nur noch 4 Regimenter zurückbehalten hatte (F. 1.), nämlich das 6. Husaren-Regiment und die Brigade Domanget, aus dem 1. und 2. Baierischen Chevauxlegers-Regimente und dem Sächsischen Regimente Prinz Albrecht bestehend.

Schlägt man die oben zuerst erwähnten 17 Regimenter nur zu 300 Mann an, so hatte der Vice-König durch obige Massregeln 5,100 Pferde auf dem linken Ufer der Kalotscha zur Disposition. Platow, der über die Kalotscha gegangen war, hatte etwa 2000

Kosaken bei sich, und Clausewitz gibt (Russische Feldzug 1812 pag. 152) das, was vom 1. Kavallerie-Corps
unter Uwarow mitwirkte, mit 2,500 Pferden und 12
Geschützen an, so dass also jedenfalls nah an 5,000
Pferde von Seiten der Russen bei dem Unternehmen
Uwarow's mitgewirkt haben. Wie die ganze Unternehmung geendigt hat, berichtet der General Clausewitz
als Augenzeuge umständlich (pag. 151 bis 159), und
es erhellt daraus, dass der Vice-König wahrscheinlich
ausser der Infanterie-Division Delzons auch die Italienische Garde-Infanterie als Reserve verwendet hatte,
da Clausewitz sagt: „Borodino selbst konnte man mit
„Kavallerie nicht angreifen; der Bach war mit Kaval-
„lerie nicht anders als auf dem Damm zu passiren. Jen-
„seits des Damms sah man in einem hügeligen, mit
„Gestrüpp bewachsenen Terrain 4 bis 5000 Mann In-
„fanterie, in einzelnen Haufen aufgestellt, die feind-
„liche Kavallerie hielt dahinter. In Borodino
„sah man einige starke Kolonnen etc.", — und die
Division Delzons allein so viel Ansehen nicht haben
konnte. Um 9 Uhr wurde der Beschluss zu Uwarow's
Umgehung gefasst; zwischen 10 und 12 Uhr erfolgte
der erste Angriff und um 3 Uhr erhielt er den Befehl,
zurückzukehren. — Obgleich bei den Angriffen im eigentlichen Sinne gar nichts ausgerichtet
wurde, so liegt nach meinem Dafürhalten doch am
Tage, dass der Vice-König sich mehrere Stunden
wohl zu ernsthaft damit beschäftigte, und dadurch
für längere Zeit von einem erneuerten kräftigen Angriff auf die Rajewsky-Schanze abgehalten wurde. In
wie weit Napoleon diesem Flanken-Angriff eine ganz
besondere Wichtigkeit beilegte, möchte schwer zu entscheiden sein. Jedenfalls kam ihm derselbe sehr un-
gelegen, denn er wirkte störend auf den Fortgang der
Bewegungen des Vice-Königs ein und verursachte also

einen Zeitverlust in dem, was Napoleon angeordnet
hatte. Dem Feinde ham aber dieser Zeitverlust insofern zu Statten, als die Infanterie-Divisionen Morand,
Gérard und Broussier und ein Theil der Kavallerie-
Division Chastel mehrere Stunden einem heftigen Kanonenfeuer ausgesetzt blieben, und die Russen überhaupt Zeit gewannen, immer mehr Truppen von ihrem
äussersten rechten Flügel, den Napoleon nicht weiter
angreifen liess, heranzuziehen. — Aus dem Bericht des
Vice-Königs vom 10. September geht übrigens deutlich
hervor, dass er diese Verzögerung zu übertünchen
sucht, indem er sechs Infanterie - Regimenter auf-
zählt, deren Quarrées beim Dorfe Borodino von der
feindlichen Kavallerie heftig attakirt wurden, und endlich sagt:

> „Révenu de la gauche, où ma *présence avait été*
> „*necessaire*, je fis de nouvelles dispositions pour
> „l'attaque de la grande redoute." (Rajefsky-
> Schanze.)

Die Aeusserung des Vice-Königs, „dass seine Gegenwart nothwendig gewesen sei", klingt ganz wie
eine Entschuldigung, und es erscheint daher zweifelhaft, dass ihm von Napoleon der Befehl zur Rückkehr auf das linke Ufer der Kalotscha, wie
oft behauptet wird, ertheilt wurde. — Sehr
heftigen Angriffen waren übrigens diese sechs Französischen Infanterie - Regimenter wohl nicht ausgesetzt,
denn der grösste Theil der Angreifenden bestand ja
nur aus Kosaken, und das, was wir in der Ferne
wahrnehmen konnten, machte uns wenigstens nicht den
Eindruck eines recht ernsthaften Flanken-Angriffes. —
Da nur feindliche Kavallerie Anfangs zum Vorschein
kam, und ein heftiges Infanterie- und Artillerie-Ge-
fecht nicht darauf folgte, so waren der General Thielemann, Oberst v. Leyser und General Lorge, die sich

darüber unterhielten, sehr bald der Ansicht, dass diese
Bewegung, die Anfangs allerdings einen drohenden
Anschein hatte, ohne grosse Bedeutung sein würde.
Diese Meinung bestätigte sich auch bald, indem wieder Ruhe eintrat, und erst nach einer ziemlich langen
Pause ein erneuerter Kavallerie-Angriff (wie es von
unserm Standpunkte aus angesehen, den Anschein hatte)
beinah' im Rücken des Vice-Könis erfolgte. — Selbst
mit freiem Auge konnte man die Bewegungen erkennen, und die besagten Beobachter waren schliesslich
der Meinung, dass es, da sie beim letzten Angriff nur
Kosaken mitwirken sahen, auf die Bagage abgesehen sei. —

Ueber das, was von dem Unternehmen Uwarow's
zu hoffen war, spricht sich der General v. Clausewitz
sehr lehrreich aus, und ich kann nur hierauf verwei-
sen. Seine Bemerkungen sind lehrreich für diejenigen, die stets von grossartigen Umge-
hungen mit Kavallerie zur Entscheidung von
Schlachten etc. träumen; auch sagt er bestimmt,
dass das Russische Garde-Husaren-Regiment, weil
man die reitende Artillerie nicht zweck-
mässig verwendete, gleich Anfangs drei Mal vergeblich auf ein Quarrée attakirte und dass nur die
Garde-Kosaken einige Stunden später über den Damm
gingen und sich mit Platow's Kosaken vereinigten, die
den linken Flügel der Französischen Infanterie endlich
umgangen hatten und dieselbe vergeblich angriffen. Der
General Clausewitz spricht sich hierüber, wie folgt,
aus: „Wirklich sahen wir diese dadurch wunderbare
„Truppe, dass sie bald unerhört brav, bald unerhört
„feig ist, drüben im Holze mitten zwischen den Infan-
„terie-Massen der Feinde sich herumkrängeln, ohne
„einen ernsten und geschlossenen Anfall zu machen,
„so dass es fast aussah, als ob sie sich mit ihnen

„herumschössen." Ferner sagt der General Clausewitz;
„Unstreitig hätte Uwarow nachgehen können, er fand
„es aber bedenklich, und es dauerte nicht lange, so
„kehrten auch die Garde-Kosaken zurück, und zwar
mit bedeutendem Verlust an Todten und Verwundeten."

Da von einem weiteren Unternehmen Uwarow's
nicht die Rede ist, so liegt hier am Tage, dass die
Russische Kavallerie theils durch die Beschaffenheit des
Terrains, theils durch die Infanterie abgehalten wurde,
und dass die Französische Kavallerie sich Anfangs schnell
zurückzog, weil sie zu schwach war, und später nur
dem Gefechte zusah, das an sich durchaus nicht von
so grosser Bedeutung war, als es der Vice-König, nach
seinem Berichte, eigentlich darstellt.

§. 9.

Als Augenzeuge will ich es nun versuchen, das
einigermassen zu schildern, was sich beim 4. Reserve-
Kavallerie-Corps, unter dem Befehle des Generals Latour-Maubourg während der Schlacht zugetragen hat,
wozu ich das, was ich in früheren Zeiten notirt habe,
zu benutzen gedenke. Da aber, nach meinem Dafürhalten, Memoiren über Kriegs-Ereignisse, und besonders über Kavallerie-Gefechte nur dann einigen Werth
erlangen, wenn der Berichterstatter, indem er das,
was er sah und hörte, mittheilt, auch zugleich den
Standpunkt, von wo aus er die Ereignisse mit ansah,
genau bezeichnet, und die kritischen Lagen, in denen
er sich als Zuschauer befand, vollkommen anschaulich
macht, so werde ich, auf die Gefahr hin, der Eitel-
keit beschuldigt zu werden, doch keinen Anstand nehmen, meine persönliche Lage sehr umständlich zu schildern, weil dies einestheils zur Entschuldigung möglicher Irrthümer dienen kann und

anderntheils zur mehreren Begründung meiner
Behauptungen beitragen wird. Ja ich gedenke
sogar auf mancherlei ganz unerhebliche Details einzu-
gehen, die jedenfalls nur für meine nächsten Angehö-
rigen von Interesse sein können, indem meine Absicht
besonders auch dahin geht, meine Söhne von dem in
Kenntniss zu setzen, was mir in der Schlacht an der
Moskwa Erfreuliches und Unerfreuliches begegnet ist. —

Die Französischen Garden, welche links von uns
bivouaquirten, hatten am Abend vor der Schlacht ihre
Parade-Uniformen ausgeklopft, und der General Latour-Maubourg ertheilte den Befehl, dass das 4. Kavallerie-Corps sich ebenfalls zum Ausrücken (en grande
tenue) im Parade-Anzuge für den folgenden Tag in Bereitschaft setzen sollte. — Unsere Bagage war glücklicher
Weise noch herangekommen, und es fehlte daher nicht
ganz an Lebensmitteln und Futter. Der General Lorge
machte am frühen Morgen sehr sorgfältige Toilette, und
einzelne Flintenschüsse verkündeten schon mit Tagesanbruch den Beginn des Tagewerkes. — Vor 6 Uhr
wurde zum Aufsitzen commandirt, selbst die Kranken
hatten sich in Reih' und Glied gestellt, und das 4. Kavallerie-Corps zog nun, die am 5. September eroberte
Schanze rechts lassend, frohen Muthes an dem König
von Neapel, der wie ein Kunstreiter angezogen war,
vorüber [26]), nach dem Rendezvous der Reserve-Kavallerie (A. 1. 2. 3., B. 1. 2. 3., C. 1. 2.), die sich
hinter den Corps von Davoust und Ney aufstellte. Der
bekannte Tagesbefehl des Kaisers Napoleon wurde uns

---

[26]) Auch Napoleon hielt mit seinem Generalstabe, soweit ich mich
entsinne, am obern Abhange der Schanze, die rundum mit Leichen vom
vorigen Tage übersäet war. —

nun mitgetheilt, und mag auf den Theil der grossen
Armee, der bereits wegen Mangel an Lebensmitteln
zum Pferdefleisch seine Zuflucht genommen hatte, einen
besonders guten Eindruck gemacht haben. — Für unsere Mannschaft war er ganz überflüssig, denn sie
war nicht an Redensarten, nur an's unbe-
dingte Gehorchen gewöhnt, und ich erinnere
mich nur noch, dass ich den Inhalt dieser Proclamation einigen Kameraden, die nicht Französisch verstanden, erklärte.

Zuvörderst bemerke ich nun, dass das 4. Kavallerie-
Corps (C. 1. 2.), welches am Morgen noch (zwischen 6 und 7 Uhr) hinter der Mitte des 1. (A. 1. 2. 3.)
und des 2. Kavallerie-Corps (B. 1. 2. 3.) stand, als
Davoust (II. H. 2.) und Ney (H. H. 1.) vorrückten
und ihren Angriff unterstützt von der vereinigten Kavallerie unter Girardin (P. P.) einleiteten, sehr bald
sich dem Kampfplatze näherte. — Wie ich glaube,
rückte es sodann, beinah zur selben Zeit, als das 1.
Kavallerie-Corps zur Unterstützung von Davoust nachgefolgt war, (das 2. Kavallerie-Corps rechts zurücklassend), weiter vor, um eine starke Batterie (m. m.)
sicher zu stellen, die vorgeholt worden war, um die
Redans (Bagrations-Schanzen) wirksamer zu beschiessen, während Ney (H. H. 1.) dagegen anrückte und
das 2. Kavallerie-Corps (weit hinter dessen lin-
kem Flügel) nur langsam nachfolgte. —

Beim Dorfe Borodino, auf dem äussersten linken
Flügel des Vice-Königs hatte das Gefecht schon frü-
her begonnen; rechts vor uns begann nun auch der
Angriff von Davoust, den Ney unterstützte, und das
Geschützfeuer wurde sehr bald von beiden Seiten sehr
heftig; — das was aber rechts von der Division Lorge
(II. C. 2.) nun vorging, konnten wir schon wegen des
Pulverdampfes nicht genau übersehen; auch stand die

Ulanen-Division Rozniecki (II. C. 1.) (zum 4. Kavallerie-Corps gehörig) in geöffneter Colonne rechts vor und neben uns, und ich glaube, dass hier sehr bald (24 Geschütze) die 4 reitenden Batterieen (n. n.), die zum 4. Kavallerie-Corps gehörten, herangeholt wurden. Diese 24 Geschütze waren unter dem Befehl eines Polnischen Stabs-Offiziers vereinigt worden, um ein kräftiges Zusammenwirken herbeizuführen, und der General Thielemann hatte der Sächsischen Batterie, die sonst zu seiner Brigade gehörte, keine Befehle mehr zu ertheilen. [27]) Bis zu dieser Zeit war der Verlust der Cuirassier-Division Lorge noch ganz unbedeutend, denn es wurde nur ein Offizier von der Garde

---

[27]) Während den beschwerlichen Märschen, welche das 4. Kavallerie-Corps von Grodno aus machte, befanden sich die Batterien immer bei den Brigaden. In den Gefechtstagen bei Mir und Romanow und während der Verfolgung Bagrations (dem wir bis Rochaczew folgten), blieb die reitende Artillerie ebenfalls bei den Brigaden, weil öfter Aussicht zur einzelnen Verwendung der Batterien vorhanden war. Die Vereinigung der Batterien mit den Regimentern, zu denen sie gehörten, gereichte ihnen sehr zum Vortheil, denn die Brigade-Generale sorgten in aller Art für ihre Erhaltung und besseres Fortkommen. Wenn auch nicht in Abrede zu stellen ist, dass in vielen Fällen der Erfolg eines Kavallerie-Gefechts von der Mitwirkung einer Batterie abhängig ist, so vergisst man doch nicht selten, dass selbst die reitende Artillerie die Beweglichkeit der Kavallerie beeinträchtigt, und besonders den Regimentern und Brigaden da zur Last fällt, wo ein schneller Rückzug unvermeidlich wird. — Die hier zur Sprache gebrachte Vereinigung von 24 Geschützen war jedenfalls sehr angemessen, und ich vermuthe, dass diese Anordnung von Napoleon ausging, der, wie bekannt, überall auf ein kräftiges Zusammenwirken der Artillerie Bedacht nahm. — Die Zersplitterung der reitenden Artillerie führt gewöhnlich zu einer voreiligen Verwendung, und die Wiedervereinigung ist äusserst problematisch. — Auf eine ganz zweckmässige Verwendung und Aufstellung ist wohl überhaupt nur zu rechnen, wenn die Artillerie eines Kavallerie-Corps einem bestimmten Befehlshaber anvertraut wird. — Viele Köche verderben den Brei. — Die Friedens-Manöver sind meist ganz dazu angethan, um irrige Begriffe über den Gebrauch der reitenden Artillerie zu verbreiten; sie folgt oft, wo sie stehen bleiben sollte, und wird nicht selten von Befehlshabern so verwendet und placirt, dass man ihnen mit Fug und Recht zurufen könnte: »Schuster bleib bei deinem Leisten.«

du Corps, Baron v. Biedermann, der sich beim General
Latour befand, todt geschossen und einige Leute, die
zu seiner Eskorte gehörten, blessirt. — Der General
Latour-Maubourg hielt sich meist rechts vor uns bei der
Division Rozniecki auf und beobachtete den Feind. Nur
von Zeit zu Zeit erreichten jetzt die feindlichen Geschosse
unsere Aufstellung, denn es erregte noch Aufsehen,
wenn da und dort einige Reiter und Pferde erschossen
wurden. [28])

---

[28]) Später erregten solche Ereignisse kein Aufsehen mehr, und es
kam sehr bald dahin, dass die Mannschaft sich nur nach denen noch theil-
nehmend umsah, die ganz in der Nähe zusammengeschossen wurden. —
Auffallend ist es mir indess doch gewesen, dass auch an diesem Tage,
trotzdem dass die Mannschaft äusserst ruhig im stärksten Feuer aushielt,
das Bücken (wenn die Kugeln hart über die Glieder wegstrichen) nicht ganz
aufhörte, und ich schliesse daraus, dass es nur wenige Menschen gibt,
die sich stets in dem Maasse in der Gewalt haben, dass sie nicht unwill-
kürlich den Körper bewegen, vielleicht dem Drucke der Luft nachgeben,
da ein jeder Verständige sehr bald einsehen muss, dass die Gefahr, im
Augenblicke wo er sich bückt, längst vorüber ist. — Ich habe sogar wahrgenommen, dass alte Soldaten, die anscheinend in der grössten Gemüths-
ruhe das Springen einer Granate abwarteten, sich dennoch bückten oder
bewegten, wenn später eine Kugel sehr nahe an ihnen vorbeiflog. — Diese
Erscheinung wiederholte sich selbst noch, nachdem wir schon Stunden lang
beschossen worden waren, und es begegnete sogar Leuten, die wiederholte
Beweise ihres Muthes und ihrer Hingebung dadurch an den Tag gelegt
hatten, dass sie sich, nachdem ihre Pferde erschossen worden waren, wieder beritten gemacht und ebenso den im Allgemeinen vom General Thielemann erlassenen Befehl zur schnellen Rückkehr in Reih' und Glied für diejenigen, die Blessirte zu-
rückbrachten, pünktlich befolgt hatten. — Ich bemerke dies, um darauf aufmerksam zu machen, wie unsicher und trügerisch die Schlüsse sind,
zu denen man sich so leicht aus Unerfahrenheit verleiten lässt. Möge doch
ein Jeder in seinen Anforderungen an junge Soldaten billig und besonders in seinem Urtheil über den persönlichen Muth seiner Kampfgenossen vorsichtig sein. — Die Schlacht von Borodino und der Rückzug aus Russland hat mich in vielfacher Beziehung
über den Muth, die Ausdauer und die Hingebung, deren der Eine und Andere, oft ganz wider alles Vermuthen, fähig ist, eines Bessern
belehrt. — Ein Reitergefecht ist für Leute, die gut beritten, gesund und
kräftig sind, ein wahres Kinderspiel im Vergleich zu dem, was Napoleon
seiner Kavallerie bei Borodino zumuthete, denn die Hälfte der Mannschaft

Die Division Lorge rückte nun allmählich, während die Infanterie unter Ney (II. H. H. 1.) in ziemlicher Entfernung rechts von uns heftig kämpfte, immer weiter, in gewisser Art links vorwärts; das Regiment Garde du Corps (II. C. 2. g.) hatte die Tête, dann folgte das Regiment v. Zastrow (II. C. 2. z.) und endlich das Polnische Cuirassier-Regiment (II. C. 2. p.) unter dem Oberst von Malachowsky. Der General Lorge hielt sich meist beim General Lepel auf, der mit der Westfälischen Cuirassier-Brigade (II. C. 2. w.) (die ebenfalls in geöffneter Regiments-Colonne formirt war) unsern Bewegungen stets nachfolgte. — Ob wir nicht einige Mal uns in Eskadrons-Colonne bewegten und ebenso aufgestellt waren, das muss ich dahin gestellt sein lassen. Den Aufmarsch in Regimenter hielt der

---

von der Sächsischen Brigade, über deren Leistungen ich einigermassen Auskunft geben kann, wurde an diesem Tage, im Verlauf von etwa 7 Stunden, entweder schwer blessirt oder todt geschossen. — Ich befürchte nicht, von einem Augenzeugen widerlegt zu werden, denn die Zahl der todten und verwundeten Offiziere bei dieser Brigade betrug 42, und von 1030 Mann, die am Morgen noch in Reih' und Glied hielten, blieben nur 420 dienstfähige Reiter und Pferde übrig, und dennoch glaube ich mit Bestimmtheit angeben zu können, dass bei den wiederholten Attaken auf Infanterie und Kavallerie nur eine geringe Anzahl von Todten oder Blessirten in Abgang gekommen ist. — Das unthätige Ausharren im Kanonenfeuer, wie es hier Stunden lang vor den allerschwierigsten Attaken gefordert wurde, gehört jedenfalls unter die unangenehmsten Aufgaben für die Kavallerie, und es fehlte uns nicht an Zeit und Gelegenheit, Erfahrungen aller Art zu sammeln; ja es möchte kaum ein Mann in Reih' und Glied gehalten haben, dessen Nebenmann nicht an diesem Tage mit seinem Pferde zusammenstürzte, oder schwer verwundet um Hülfe flehend den Geist aufgäb. — Ein solches Ausharren im wirksamen Feuer, ein so unbedingter Gehorsam und eine so treue Hingebung da, wo es sich darum handelte, reglementarische Bewegungen auszuführen, einem Kameraden auf Tod und Leben beizustehen, oder freiwillig den Offizieren nachzufolgen, spricht laut genug dafür, dass die Disciplin auf eine angemessene Weise gehandhabt wurde, dass die Vorgesetzten die Achtung und das Vertrauen ihrer Untergebenen im höchsten Grade besassen, und dass auch die Mannschaft von dem ritterlichen kameradschaftlichen Geiste, der in den Offizier-Corps lebte, ebenfalls wahrhaft durchdrungen war.

General–Lieutenant Thielemann für angemessen, weil
die Wirkung der feindlichen Artillerie dadurch gemin-
dert würde, und ich erinnere mich nur, dass er dieserhalb mit dem General Lorge Rücksprache nahm.

Der General Latour ritt zu dieser Zeit ein Mal ziemlich weit vor, um das Terrain selbst kennen zu lernen,
und schickte auch seine Adjutanten dahin. Wir konnten aber die feindlichen Batterieen, die uns nun schon
bedeutenderen Schaden zufügten, nicht genau sehen;
sie standen, wie es mir vorkam, in ziemlicher Ferne
rechts vor uns, denn die Kugeln bestrichen in schiefer Richtung unsere Aufstellung und schienen schon
vorher einen Besuch bei der Division Rozniecky gemacht zu haben. Der General Lepel [29]) wurde, so
weit ich mich erinnere, auch zu dieser Zeit schwer
verwundet; auch blieb der Major Yablonsky, vom Polnischen Cuirassier-Regimente, und Latour–Maubourg
verlor selbst ein Pferd unter dem Leibe. Den König
von Neapel, der einige Zeit vorher nicht weit von
uns vorbeigekommen war, sahen wir eine geraume
Zeit nicht mehr, denn er befand sich beim Kavallerie-
Corps des Generals Nansouty, welches, wie früher erwähnt, gegen die Bagrations-Schanzen vorgerückt war

---

[29]) Nach einer genauen Ermittelung wurde hier dem General Lepel der
linke Arm hart am Leibe weggeschossen und er starb zu Mosaisk. — In
mehreren Werken fand ich den General Lepel unter den Generalen aufgeführt, die bei Semenofskoy mit attakirt haben sollen; er war aber zu dieser Zeit bereits abgefunden. — Als der General Lepel verwundet wurde,
stand die Westfälische Brigade hinter uns, und ich erinnere mich sehr
wohl, ihn verwundet gesehen zu haben. Er ritt einen sehr kleinen Neu-
städter Hengst und hatte sich äusserst sorgfältig, ganz wie zur grossen
Parade in Cassel, costumirt; — der Arm war ganz nah am Leibe so zerschmettert, dass nichts mehr davon zu sehen war. — Ob ich es von fern mit
ansah oder abgeschickt wurde, um nachzusehen, ist mir nicht mehr erinnerlich. —

Auch dem Lieutenant Trinius soll zu der Zeit der rechte Fuss zerschmettert worden sein.

4

(II. A. 1. 2.) — Es standen links vor uns und neben uns (man konnte das Terrain weithin überse-hen) so lange wir uns bewegten (von II. C. 2. nach III. C. 2.), gar keine Truppen; den ersten Angriff von Morand auf die Rajefsky-Schanze bemerkten wir jetzt links vor uns in grosser Ferne; so wie wir auch etwas früher (am Morgen schon) den Kampf beim Dorfe Borodino (das Feuer der Artillerie etc.) hatten wahrnehmen können. — Es war also ein sehr beträchtlicher Raum zwischen uns und dem Vice-König unbesetzt geblieben.

Wir sahen bald darauf eine Bewegung — wie es schien von Kosaken — in grosser Ferne auf dem lin-ken Flügel beim Vice-König, und der General Thiele-mann war, wie früher schon erwähnt, zuletzt der An-sicht, dass es bloss auf die Bagage abgesehen sein müsse, deren Aufstellung wir genau übersehen konn-ten. Es mochte unterdessen bald 10 Uhr geworden sein, und die Division Friand (II. M. M.) war, ohne dass wir sie ganz übersehen konnten, rechts von uns gegen Semenofskoy im Vorrücken begriffen. Das 4. Kavallerie-Corps (unter Latour-Maubourg) folgte jetzt dieser Bewegung und zwar hinter der linken Flanke. Die Division Lorge (III. C. 2.) wurde von nun an auch noch von dem Dorfe Semenofskoy her sehr wirksam beschossen; — den Angriff der Division Friand, der jetzt begann, konnten wir aber nicht vollständig über-sehen. Die Tète der Garde du Corps hatte wieder Halt gemacht, nachdem wir durch eine Niederung (den aus-getrockneten Kamenka-Bach) durchgegangen waren, und wir litten sodann weniger von der feindlichen Ar-tillerie, die uns nur ab und zu noch Granaten zu-schickte. —

Ich muss es dahin gestellt sein lassen, ob auf dem linken Flügel der Division Friand auch deren Artillerie

mit vorrückte, oder ob vielleicht die reitende Artillerie
(n. n.), die zum 4. Kavallerie-Corps gehörte, näher
gerückt ist. Die Division Rozniecky (II. C. 1.) blieb
aber in dieser Zeit hinter uns zurück und deckte also
die Artillerie, während wir in der besagten Niederung
kurze Zeit dem Kanonenfeuer abermals ausgesetzt blieben. Die feindlichen Geschütze konnten wir aber nicht
sehen, denn wir standen ziemlich gedeckt, und es waren jedenfalls Geschütze, die zwischen Semenofskoy und
der Rajewsky-Schanze standen. Der General Thielemann
war der Ansicht, dass wir hier von den Russischen
Einhörnern heimgesucht würden, von denen ich bis
dahin nur obenhin sprechen hörte. Ob es wirklich
Einhörner waren, muss ich allerdings dahin gestellt
sein lassen, so viel weiss ich aber, dass ich ihre Bekanntschaft auf eine unangenehme Art machte, da mehrere Granaten nicht fern von uns einschlugen und das
Abwarten des Erfolges zu den unangenehmsten Aufgaben gehört.

§. 10.

a. Soweit es mir erinnerlich ist, gab der General
Latour-Maubourg nur hier (III. C. 2.) nach einer kurzen Unterredung mit dem General-Lieutenant Thielemann den Befehl zum Angriff auf die Anhöhe von Semenofskoy. [30]) Der General-Lieutenant Thielemann

---

[30]) Der Marquis von Chambray (pag. 176, übersetzt von Blesson)
sagt in Betreff dieser Bewegung:
»Die Russen hatten vor dem Dorfe Semenofskoy eine Verschanzung
inne, die sie, wegen Mangel an Zeit, kaum aus dem Gröbsten hat-
»ten ausarbeiten können. — Latour-Maubourg erhielt den
»Befehl, sie darin anzugreifen; er chargirte an der Spitze
»der Sächsischen Cuirassiere und warf sie. — Zu gleicher Zeit war
»Ney, durch Friands Ankunft, wieder in den Stand gesetzt, die Of-
»fensive zu ergreifen, und Bagration verlor endlich Semenofskoy.«

4 *

setzte sodann seine Brigade (indem er den Rittmeister
Graf von Seydewitz zurückschickte, um die anderen
Regimenter zu avertiren) in Eskadrons-Colonne sofort
in Bewegung. Zuerst erreichten uns feindliche Kugeln
(von einer Batterie, deren Aufstellung ich später angeben werde) von der linken Seite, dann aber
nicht mehr. Nachdem wir einige Zeit getrabt hatten,
kamen wir durch einen Wiesengrund; in der Mitte desselben wurde das Fortkommen schwieriger, und auf
einer Stelle sank schon die 1. Eskadron ziemlich tief
ein (es war das Bett der Semenofska [o. o.]): die folgenden Eskadronen, besonders das Regiment v. Zastrow, hatten noch mehr Mühe durchzukommen, auch
brachen sie daher, so gut es gehen mochte, in
halben Eskadronen etc. ab. Während dieses schwierigen Durchzuges bestrichen nun aber auch feindliche
Geschütze (x. x.) von der rechten Seite (also vom
Dorfe Semenofskoy her) die Colonne; der Verlust war
aber nicht bedeutend [31]), und die halben Eskadronen
formirten sich wieder der Vorschrift gemäss im vollen

Diese Schilderung ist voller Unrichtigkeiten; ich war beim Beginne dieses
Unternehmens, wie ich später genau angeben werde, ein ganz müssiger
Zuschauer, und kann auf das Bestimmteste versichern, dass die hier
erwähnte Verschanzung nicht von den Sächsischen Cuirassieren attakirt
wurde. — Die Russische Artillerie (x. x), welche hart am Dorfe in dieser Verschanzung aufgestellt war, beschoss zwar die Sächsischen Regimenter, während sie bei (o. o.) durch den Grund gingen, allein es fiel Latour-Maubourg nicht ein, dieselbe attakiren zu lassen, da er voraussah,
dass die Infanterie-Division Friand diesem schwierigen Geschäfte bald nach-
kommen würde, und die Ueberwältigung der Russischen Infanterie, die auf
dem Plateau neben dem Dorfe stand, ihm zuvörderst oblag. — Viele Schriftsteller haben die oben nachgewiesene Aeusserung des Marquis Chambray
aber für baare Münze genommen, und es ist so der Sächsischen Kavallerie
eine Ehre in die Schuhe geschoben worden, auf die sie keinen Anspruch
hat, während man dieselbe um die ihr gebührende Ehre „einer sehr muth-
vollen Mitwirkung bei der Eroberung der Rajefsky-Schanze" brachte.

[31]) Ich glaube, dass Anfangs Kugeln und erst nachträglich Kartätschen
schief durch die Colonne gingen. — Die Artillerie stand uns zwar sehr

Laufe, während die Tête etwas langsamer eine ziemlich steile (wohl 150 Schritte in schiefer Richtung) Anhöhe hinauf trabte. — Die Tête der Division Friand schien so eben einen vergeblichen Angriff auf das Dorf Semenofskoy, das rechts vor uns lag, gemacht zu haben, denn es kam noch aufgelös'te Infanterie (rechts von uns) vom Dorfe her den Berg herunter, während wir durch den Grund gingen, und diese Division schien sich im Grunde wieder zu formiren (III. M.), wie sie auch in der That den Angriff sehr bald wiederholte, da sie etwa 10 bis 12 Minuten später schon den Eingang des Dorfs zu besetzen begann und sich links davon ausbreitete. Die Westfälische Brigade, bei der sich der General Lorge stets aufhielt, ohne sich sonderlich viel um das, was geschah, zu bekümmern (er war weit älterer Divisions-General als Latour-Maubourg, dem er untergeordnet wurde, ein Missverhältniss, das im Laufe der Campagne mehrfach nachtheilig einwirkte), und die der Oberst von Gilsa an Stelle des Generals Lepel führte, war unmittelbar gefolgt, denn sie litt noch in derselben Art von der feindlichen Artillerie, während sie, soweit ich mich erinnere, zu 4 durch den Grund

---

nahe, allein die ersten Schüsse gingen zu hoch und die folgenden trafen doch nur wenig Pferde, so dass sie zusammen stürzten. — Die Placirung der Artillerie war für das Bestreichen dieses Punktes überhaupt nicht vortheilhaft; sie stand hoch auf der Anhöhe und es waren daher nur Bohrschüsse, die keine so verheerende Wirkung hatten, dass das Defiliren dadurch aufgehalten werden konnte. — Ich muss indess gestehen, dass mir die Sache doch bedenklich vorkam, weil die Artillerie die richtige Linie hielt, und die schnell auf einander folgenden Kartätschenschüsse nun vor den Defilirenden in den Moder einschlugen. Wir standen etwa 30 Schritte von dem Punkt, wo die Pferde ziemlich tief einsanken, und ich konnte den Hergang einige Minuten, unbeschäftigt, vollkommen übersehen; da indess hier die schönste Gelegenheit, todt geschossen zu werden, vorhanden war, so war ich doch froh, als der General sein Geschäft — hier streng auf die Ordnung zu halten — aufgab, und nach der Tête der Colonne vorjagte.

ging. Auch die Division Rozniecky muss sogleich gefolgt
sein, - denn sie kam beinahe gleichzeitig mit der Westfälischen Brigade auf der Anhöhe an — und sie hatte die
Bewegung links von derselben ausgeführt. —

b. Das Dorf Semenofskoy, welches wie gesagt
rechts vor uns lag, brannte; hart am Dorfe stand
eine feindliche Batterie (x. x.), die uns zuletzt noch
beim Durchzug durch den Grund (bei o. o.) bedient
hatte; rechts davon standen drei feindliche Bataillone
(grosse Haufen Infanterie s. q. r.), die, wie es mir
vorkam, im Begriff waren, Quarrées zu formiren, oder
durchs Kanonenfeuer viel gelitten hatten; was weiter
zurück aufgestellt war, konnte man nicht übersehen.
(Ein Russischer Offizier, der, wie ich vermuthe, vor-
geritten war, jagte zurück nach einem von diesen Bataillonen und es liefen noch einzelne Mannschaften nach
den Quarrées, die sich auf unsern Empfang vorzube-
reiten schienen. Man konnte die Offiziere deutlich erkennen und ihre Bemühung, die Mannschaft zu ordnen,
wahrnehmen.) Auch die Russische Batterie, welche
auf dem rechten Flügel zwischen oder rechts neben
den Bataillonen (q. r.) stand, sahen wir nicht, und
sie konnte uns nicht beschiessen, da sie zu weit auf
dem Plateau zurückstand, und aus diesem Grunde auch
das Bett des Semenofska-Baches nicht bestrich.

Als nämlich die 1. Eskadron der Garde du Corps
den oberen Rand der Anhöhe beinah erreicht hatte,
jagte der General - Lieutenant Thielemann, der beim
Durchzuge [32]) links herausgeritten war, wieder nach

---

[32]) Es scheint mir, dass auch die Russische Artillerie, die beim Dorfe
Semenofskoy stand (x. x.), von unserer Bewegung überrascht wurde; denn
es hatte schon der grösste Theil der Garde du Corps das sumpfige Bett
des Semenofska - Baches überschritten, als die Kugeln von dort her quer
durch und über die Colonne weg gingen. Der General-Lieutenant Thielemann hatte, wie gesagt, nach der Ueberschreitung der Semenofska ange-

der Tête vor, und übersah jetzt einen Moment die Aufstellung der feindlichen Infanterie, die wohl 100 Schritte vom Kamm der Anhöhe entfernt (so wie ich es oben angegeben) auf der Ebene aufgestellt war; von wo aus sie den Abhang des Berges aber nicht übersehen und uns nicht beschiessen konnte. Der Oberst v. Leyser befand sich an der Tête seines Regiments (die etwas angehalten hatte) und commandirte, nachdem er einige Worte mit dem General gesprochen hatte, sofort den Aufmarsch, worauf sich die zunächst folgenden halben Eskadrons im Galopp links herauszogen. — Die ersten Eskadronen attakirten aber nun sofort auf diese feindliche Infanterie, und allmählig ebenso die letzten Eskadronen, (denen der General Thielemann die Direction, welche sie nehmen sollten, noch zeigte, da der Oberst v. Leyser sich vor die zweite oder dritte Eskadron gesetzt hatte) so wie sie den obern Kamm der Anhöhe erreichten, indem sie sich etwas links herauszogen, wodurch gewissermassen eine attaque en Echelon (bei der die nachfolgenden Eskadronen sich nicht vollständig hinter den vorausgehenden befanden) ausgeführt wurde. Da der General Thielemann die Tête des unmittelbar folgenden Regiments v. Zastrow nun oben am Abhange abwartete, so konnten wir es übersehen, dass die vorbesagten Attaken insoweit reussirten, als der Theil der Russischen Infanterie, der dem Dorfe am nächsten stand, umgeritten oder durchbrochen wurde. [33]) Ich habe nicht ge-

---

halten, um auf die Ordnung beim Abbrechen zu sehen, und ich glaube, dass er nach der Tête vorjagte, weil er bemerkte, wie der Durchzug immer schwieriger wurde, das Aufsuchen von festen Stellen das Defiliren hinderte und eine Trennung der Regimenter herbeizuführen drohte.

[33]) Nach dem, was ich sah, schien das hier bezeichnete Quarrée sehr erschüttert und in mehrere Haufen auseinander gesprengt, die nun einzeln feuerten. Das weiter links stehende Quarrée hatte dagegen weniger gelit-

hört, dass die Russische Infanterie, die, wie es schien, überrascht worden war, eine förmliche Salve abgegeben hat, auch konnte ich deutlich sehen, dass die Garde du Corps doch eigentlich mit geringem Verluste davon gekommen war. Was verwundet war, konnte man allerdings nicht wahrnehmen; es lagen aber nur wenige Leute und Pferde umher, und ich erinnere mich nicht, dass schon hier Offiziere todtgeschossen wurden. — Ich habe auch den Platz am andern Tage beim Abmarsch noch ein Mal besehen, — und glaube, dass nicht viel mehr als 8 bis 10 todte Pferde von der Garde du Corps in dieser Gegend herumlagen. Weiter links vorwärts hatte das Regiment von Zastrow mehr Leute und Pferde liegen lassen. —

Wenn im Bericht des Königs von Neapel vom 9. September gesagt ist:

„Le 4. Corps de Cavallerie. reçut aussi l'ordre, de „s'avancer, de passer le ravin et de charger les „pièces de canon et l'artillerie, *qui étaient au vil-* „*lage,* position la plus importante de l'ennemi. Le „Général Latour-Maubourg *à la tête des Cuiras-* „*siers Saxons,* déboucha sur l'ennemi, malgré le „feu de l'artillerie et de l'Infanterie, les chargea, „en sabra un grand nombre et se maintint dans „la position etc. etc.“

---

ten, und ein grosser Theil der Attakirenden war augenscheinlich zwischen den beiden Quarrées durchgejagt, ohne auf Infanterie zu stossen. — Was jenseits nun vorging, konnten wir nicht sehen, denn es wurde auf vielen Punkten gefeuert, und, wie es schien, schoss die Russische Infanterie hinter den Garde du Corps her, die aus unsern Augen verschwanden. — Der General-Lieutenant Thielemann glaubte, dass das Regiment bald Halt machen würde; allein es zeigte sich nachträglich, dass es nicht geschah. — Vielleicht war es auch nicht möglich, weil die feindliche Kavallerie gegen das Regiment anrückte und also nur vom muthigen Drauflosgehen die Rede sein konnte. —

so glaube ich dem General Latour-Maubourg nicht im
Geringsten nahe zu treten, indem ich versichere, dass
er hier anfangs nicht in der angegebenen Art
mitwirkte, und sich bei der Attake selbst nicht an
der Spitze der Sächsischen Brigade befand; — zu einem
solchen Benehmen war er ein viel zu verständiger und
erfahrner Kavallerie-General, der sich nicht von seiner Kühnheit und seinem Heldenmuthe zu unrechter Zeit
hinreissen liess, wie ein junger Tollkopf, der noch
seine Reputation zu machen hat. Er leitete vielmehr
vom Beginn der Schlacht an die Bewegungen seines
Kavallerie-Corps mit einer Ruhe (Ueberlegung), die
nur denen eigen ist, die vollkommen wissen, was sie
wollen und was sie sollen, und ritt daher auch bei
diesem schwierigen Unternehmen, Anfangs, wie ich
sicher weiss (nachdem er Thielemann die Richtung, die
er nehmen sollte, angegeben und alle Brigaden in Bewegung gesetzt hatte) links neben der Colonne, weil
er von dort aus Alles übersehen und die Brigaden, so
wie sie den Grund überschritten hatten (den obern
Rand der Anhöhe erreichten), nach Gefallen verwen-
den konnte. [34]) Ich glaube mich sogar bestimmt zu

---

[34]) Der General Latour-Maubourg hatte ja den Auftrag, die Division
Friand, welche das Dorf Semenofskoy erobern sollte, zu unterstützen; es
handelte sich also darum, schnell den Semenofska-Bach zu überschreiten
und das Kavallerie-Corps nach der Ueberschreitung zu entwickeln. Diese
Ueberschreitung geschah, wie gesagt, in Colonnen, und wer ein Liebhaber
von regelrechten Aufmärschen ist, der findet hier einen solchen Aufmarsch,
successive in Brigaden, ganz nach der Ordre de Bataille, indem die Cuirassier-Division den Bach nahe am Dorfe zuerst überschritt und sodann
links aufmarschirte und attakirte, während die Division Rozniecky dieselbe
Bewegung, das Dorf noch etwas mehr rechts lassend, ausführte, und ebenfalls links aufmarschirte, um den Feind anzugreifen. Da der General
Latour-Maubourg die Aufstellung des Feindes auf dem Plateau auf keinen
Fall hatte genau ermitteln können, so brachte er auf die vorbesagte Weise
zuvörderst die Sächsische Cuirassier-Brigade hart am Dorf zum Einhauen,
und die Westfälische Brigade folgte ihr unmittelbar zur Unterstützung. —

erinnern, dass Latour-Maubourg nach der Ueberschreitung der Semenofska nur schnell den obern Rand zu
erreichen suchte und dort noch ein Mal dem Oberst v.
Leyser die Richtung zum Attakiren anzeigte, sich aber
sodann gleich weiter links hinwendete, um
das Nöthige bei den schnell hinter einander
anlangenden Brigaden anzuordnen.

c. Als das Regiment Garde du Corps sich auf vorbesagte Weise jenseits der feindlichen Infanterie befand, kam ihr Russische Kavallerie (t. 1.) (Dragoner)
entgegen, und der Oberst v. Leyser sah sich genöthigt,
sofort eine zweite Attake zu unternehmen. Der Feind
wurde zurückgeworfen und die Verfolgung ging nun
längs dem, zum grössten Theile demolirten und brennenden Dorfe Semenofskoy hin, das etwa 100 Schritte
rechts lag.

Das Regiment v. Zastrow erreichte zu dieser Zeit
mit seiner Tête den obern Rand der Anhöhe und attakirte sofort, auf Befehl des Generals v. Thielemann,
indem die Eskadronen sich links herauszogen, ganz in
derselben Art wie die Garde du Corps auf die Russische Infanterie, die entweder von der frühern Attake
nicht berührt, oder, wieder von der Erde aufgestan-
den, in dichte Haufen zusammengetreten war. Auch
diese Attake, die der General Thielemann sodann auf
dem rechten Flügel der 2. oder 3. Eskadron mitmachte,
hatte beiläufig denselben Erfolg wie die früheren von
der Garde du Corps ausgeführten; nur habe ich wahrgenommen, dass die Infanterie, (die sich zum Theil
auf die Erde niederwarf) nachdem sie überritten und

Da er links neben dieser Brigade herritt und die Division Rozniecky also
noch eine kurze Zeit in der Hand behielt, so konnte er nach Umständen
das begonnene Werk mit derselben vervollständigen oder nachträglich die
heranrückenden Russischen Reserven überwältigen, und er blieb also stets
Herr von einem Theil seiner Streitkräfte. —

durchbrochen war, einzeln noch hinter uns her geschossen hat. Wie ich glaube, erhielt auch der Oberst
v. Trützschler hier einen Schuss durch den Schenkel. —

Die letzten Eskadronen vom Regiment von Zastrow
hatten einen schweren Stand, denn sie nahmen ihre
Richtung weiter links und trafen auf die geschlosse-
neren Haufen feindlicher Infanterie (Quarrées), die von
der Garde du Corps noch nichts gelitten hatten oder
gar nicht berührt worden waren.

d. Das Polnische Cuirassier-Regiment, das nun
auch hinter uns anlangte, führte erst eigentlich die Gefangennehmung von beiläufig 250 bis 300 Mann herbei.
Von dem Quarrée, das dem Dorfe am nächsten stand,
lief aber ein Theil der Mannschaft dahin. [35]) Ich bin
überhaupt der Meinung, dass gleich anfangs nur zwei
Quarrées von dem grössern Theil der Sächsischen Brigade berührt und allerdings sehr übel zugerichtet wurden. Der General Thielemann war darüber verwundert, dass der Oberst v. Leyser mit seinem Regimente
nicht anhielt; — er sah sich aber nach der Attake auf
die Infanterie, die er selbst mitmachte, ebenfalls genöthigt, mit dem grössten Tkeil des Regiments v. Zastrow sofort einer zweiten feindlichen Kavallerie-Abthei-
lung (t. 2.) (wie ich glaube, Dragoner) entgegen zu
gehen, die, so weit ich es übersehen konnte, zum Umdrehen bewogen und ein Stück Weges zurückgetrieben wurde. Da ich auf höheren Befehl jetzt dem Re-

---

[35]) So erzählte es wenigstens, als wir uns wieder rangirten, der Oberst
v. Malachowsky, und ich wiederhole nur, was ich an Ort und Stelle mit
angehört habe, als der Oberst dem General über die schliessliche Gefangennehmung dieser Mannschaft Rapport machte, und dabei besonders hervorhob, dass die Russische Infanterie. „obgleich in viele Haufen auscin-
andergesprengt“, sich nicht hätte ergeben wollen; auch sprach derselbe
von wiederholten Angriffen, über die ich indess keine Auskunft zu geben
vermag. —

gimente Garde du Corps nachritt, so habe ich das Zu-
sammenstossen des Regiments v. Zastrow mit der feindlichen Kavallerie nicht genau gesehen. [36]) Ich hatte
den Theil des Regiments Garde du Corps, der allmählig von der Verfolgung der Kavallerie abliess, beinah
erreicht — als mein Pferd, durch mehrere Kartätsch-
kugeln, die von der linken Seite gekommen waren,
getroffen, hinten niedersank. [37]) In dieser misslichen
Lage hatte ich wieder einen Augenblick Zeit, mich
umzusehen.

---

[36]) Wenn in mehreren Berichten gesagt ist, dass auf dem Plateau da,
wo die Angriffe auf Russische Kavallerie stattfanden, die Felder brannten,
so kann ich diess nur in soweit bestätigen, als ich auf dem vorbesagten
Ritte an vielen Plätzen vorbeikam, wo höchst wahrscheinlich die feindlichen
Truppen bivouaquirt hatten und noch brennende Ruderas das Fortkommen
so erschwerten, dass ich mehrfach ausbiegen musste. Meine Blicke waren
indess nach den rothen Helmbüschen der Trompeter von der Garde du Corps
gerichtet, da es mir oblag, dem Obersten v. Leyser einen Befehl zu über-
bringen, und ich denselben dadurch zu erkennen hoffte. — Das Regiment
war aber zu der Zeit natürlich nicht en Ligne, vielmehr nach mehreren
Richtungen hin noch in voller Bewegung; und ich weiss also nicht anzugeben, worauf es von der einen oder andern Abtheilung abgesehen war.

[37]) Der Verlust dieses vortrefflichen Pferdes war mir, abgesehen von
dem kritischen Momente, äusserst empfindlich. — Es gehörte wohl zu den
besten und kräftigsten Pferden, die noch im Regiment vorhanden waren,
und Latour-Maubourg bot mir noch am Abend vor der Schlacht eine sehr
ansehnliche Summe Geldes dafür. — Ich hatte am andern Morgen noch
vier ganz brauchbare Pferde, und ritt absichtlich diese Mahlzahnsche Stute
(die mir schon in der Campagne 1809 gute Dienste geleistet hatte), weil
ich mich ganz auf ihre Ausdauer und Gewandtheit verlassen konnte. Latour-
Maubourg war ein grosser Liebhaber von gut dressirten Pferden; er stand,
als ich mich meldete (ich war verschickt worden, um die Bagage aufzusuchen), mit einigen Generalen in der Nähe eines Wachtfeuers, und veranlasste mich dazu, die Stute galoppiren zu lassen, die, trotz der angestrengten Märsche, noch kräftig genug war, um meinen Anforderungen, indem
ich sie in der Nähe des Wachtfeuers herumtummelte, zu entsprechen. Als
ich den Verkauf ablehnte, sagte mir der General: „Sie haben sehr Recht,
ein gutes Pferd ist heute unbezahlbar." Dabei muss ich aber doch bemerken, dass Latour-Maubourg selbst noch sehr gut beritten war, und
den Verkauf des Pferdes nur für einen Französischen General, der ihn
besucht hatte, zur Sprache brachte. — Er sah übrigens an diesem Tage

An den Ausgängen des brennenden Dorfes standen einzelne Russische Infanteristen und feuerten nach dem Theil der Garde du Corps, die längs dem Dorfe hinjagten. Der Oberst v. Leyser vermochte es, wie mir vorkam, nicht, dieser heftigen Verfolgung Einhalt zu thun, und ich glaube, es gesehen zu haben, dass mehrere Abtheilungen auf Infanterie lossteuerten (die links stand und wahrscheinlich das zweite Treffen bildete), während ein kleinerer Theil des Regiments die feindlichen Dragoner noch bis hinter Semenofskoy verfolgte; ja sogar rechts nach einem Grunde hinunterbog (IV. C. 2. g.). Es ist übrigens bekannt, dass bei dieser Gelegenheit der Oberst v. Leyser schwer verwundet und gefangen wurde; auch dass der Major Hoyer, den man vermisste, geblieben ist, und dass eine Anzahl Offiziere und Reiter, die man längst verloren glaubte, sich zuletzt wieder durchgeschlagen haben. Das Lenken und Aufhalten eines Regiments unter solchen Umständen gehört überhaupt unter die frommen Wünsche. Leute, die Muth haben (die der rechte Reitermuth beseelt), verfolgen und attakiren den Feind, so lange sie können, und Friedrich der Grosse fand diese Art, den Vortheil wahrzunehmen und den Feind zu verfolgen, ganz in der Ordnung. Wer sich also einbildet, dass man Kavallerie-Regimenter mit der Stimme oder Trompete stets nach Lust und Belieben, wie bei den Friedens-Manövern, lenken und regieren kann, der hat noch keine Gefechte mitgemacht, bei denen alle Waffen-Gattungen in der Nähe mitwirkten. Die Garde du Corps wussten ja, dass hinter ihnen noch vier Cui-

---

nicht so ernst wie sonst aus, und schien sich über meine Weigerung zu freuen, mit der auch der General-Lieutenant Thielemann und besonders Graf Seydewitz, der mich in solchen Dingen bevormundete, ganz einverstanden war.

rassier-Regimenter folgten, auf deren Unterstützung
sie sicher rechnen konnten, und sie vertrauten daher
auf ihren Muth und Gottes Beistand, indem ein Jeder
dahin trachtete, sich auszuzeichnen und sich nicht ängst-
lich um das Ende von dem, was er unternahm, be-
kümmerte. — Ich kehre zu meinem Thema zurück, von
dem ich nur abgewichen bin, um den Obersten v. Leyser
und seine Untergebenen gegen schiefe Urtheile zu vertheidigen.

Etwas weiter hinter Semenofskoy sah ich eine bedeutende Masse feindlicher Truppen (U. U.). Da mein
Pferd aber von der linken Seite her verwundet worden war, so sah ich mich nun auch links um und erblickte dort eine Batterie und mehrere Regimenter Russischer Reserve-Kavallerie (T. T.), rechts vor derselben mochte noch feindliche Infanterie stehen, doch
kam ich darüber, da die Artillerie feuerte, nicht in's
Klare. Ich sah mich hierauf nach einem andern Pferde
um; die zunächst stehenden waren aber blessirt, und
ein Russisches Pferd, das ich schon bestiegen hatte,
ging, als ich ihm die Sporen in den Leib rannte, nicht
von der Stelle, so dass ich im Begriff war, mit einer
Pistole in der Hand zu Fusse abzuziehen, ohne recht
zu wissen, wohin ich mich flüchten sollte, da ich überall,
sei es nun aus Angst oder in der Wirklichkeit, Feinde
erblickte. — Der Gedanke gefangen und gemisshandelt
zu werden hatte sich meiner ganz bemeistert, und ich
ergriff eigentlich die Pistole, so wie ein Mensch, der
dem Ertrinken nahe ist, ebenfalls nach dem nächsten
Strohhalm greift. Im glücklichsten Falle konnte diese
Waffe nur dazu dienen, dass ich meine Freiheit oder
mein Leben etwas theurer verkaufte. — Durch einen
Glücksumstand kam jetzt ein herrenloses Pferd mit einem
Trupp Garde du Corps so nahe an mir vorbei, dass
ich es auffangen und mit einem Schwarm von Reitern,

die zurückgingen, abziehen konnte. [38]) Die vorer-
wähnte feindliche Kavallerie detachirte schon, während
der vorbesagten Zeit und während ich in grosser Verlegenheit umhersprang, mehrere kleine Abtheilungen

---

[38]) Die Gewandtheit im Voltigiren kam mir hier sehr gut zu statten,
denn es war keine Zeit zum Aufsteigen übrig und ich war herzlich froh,
als ich die Mitte des Sattels endlich glücklich erreicht hatte. Bis dahin
war noch immer die schönste Aussicht gefangen zu werden vorhanden, denn
ich wurde von dem Pferde eine ziemliche Strecke mit fortgeschleppt und
verdanke wohl dem Umstand, dass das Thier den Andern nacheilte, meine
Rettung. Ich rathe jedem jungen Kavalleristen, dass er sich im Voltigiren
und Schwimmen fleissig übt, denn es finden sich im Kriege öfter Gelegenheiten, wo man Gebrauch davon machen kann, und selbst da, wo es nicht
bis zur Anwendung kömmt, steigert die körperliche Gewandtheit den Muth
und die Besonnenheit. Es fiel mir hier nicht ein das Pferd aufzuhalten,
denn es hätte jedenfalls zu meiner Gefangennehmung geführt, und eben so
dachte ich auch an der Beresina nicht daran, mich rücksichtslos zu Pferde
in den Fluss hinein zu stürzen. Als ich erkannte, dass alle meine Anstrengungen, die Brücke zu erreichen, vergeblich waren, stand mir immer
noch der Gedanke, „dass ich schwimmen könnte" zur Seite, und ich kam
sehr bald zu dem Entschluss, das Aeusserste abzuwarten. So lange die
Truppen auf dem andern Ufer Stand hielten und der Feind nicht bis zur
Brücke vordrang, war für mich, abgesehen von dem Gediänge und von
den wenigen Granaten, die uns erreichten, nur geringe Gefahr vorhanden.
Da es sich im Nothfalle zuvörderst darum handelte, das fliessende Wasser
glücklich zu erreichen, so war es meine Absicht, das Pferd vor mir her zu
treiben und mich, so lange es ging, nachschleppen zu lassen. Hunderte von
Reitern verunglückten an dem sumpfigen Ufer der Beresina, weil sie ihren Pferden zur Last fielen, und im eigentlichen Sinne des Wortes „den
Kopf verloren hatten." Meine körperliche Gewandtheit und die Erfahrungen, die ich im Schwimmen gemacht hatte, schützten mich hier vor jedem
thörichten Versuch, und ich bin daher heute noch der Meinung, dass ich der
Gewandtheit im Schwimmen zum Theil meine Rettung verdanke, vieles
mit offnen Augen ansah, was Andre nicht sahen, auch dazu fähig war,
einigen Kameraden nützliche Dienste zu leisten, weil ich keinen Augenblick
daran zweifelte, dass ich mich durch's Schwimmen retten würde. Diese
Ueberzeugung stand mir sodann auch am 29. noch zur Seite, als ich unsere
Bagage herüber holte, und mich einige Mal zu Rettungsversuchen entschloss,
die mir mit Gottes Beistand so geglückt sind, dass ich mich noch heute
darüber freue. Es ist allerdings wahr, dass zeitenweise ein furchtbarer Kampf
auf und neben der Brücke stattfand; doch traten immer wieder Momente
ein, wo es sehr friedlich herging und die Brücke sogar ganz frei war. Die
grösste Schwierigkeit bestand daher darin, die Hindernisse zu überwinden,
die sich vor der Brücke angehäuft hatten und aus einer Unzahl von todten

(Eskadronen); eine solche Abtheilung kam der zurück-
kehrenden Garde du Corps in die Flanke und eine andere in den Rücken; die grössere Masse ging aber dem
Regiment von Zastrow (IV. C. 2. z.) entgegen, das,
wie früher erwähnt, zum grössten Theil noch im Verfolgen der Dragoner begriffen war.

e. Das Regiment v. Zastrow (IV. C. 2. z.), bei
dem sich der General Thielemann befand, hielt, als ich
auf dasselbe zuritt, allmählig an, und der Theil der
Garde du Corps, der am zeitigsten Halt gemacht oder
umgedreht hatte, schloss sich nun auch auf dem rechten Flügel dem Regiment v. Zastrow an; auch bemüh-
ten sich die Offiziere, die Mannschaft zu ordnen, allein es kam keine vollständige Rangirung zu Stande,
da fortwährend einzelne Trupps, mit feindlichen Reitern vermengt, zurückkamen und sich an den rechten
Flügel anschlossen. Hierbei muss ich aber wiederholt
bemerken, dass einige Compagnieen der Garde du Corps
sich früher schon während der Verfolgung links gewendet hatten, und wie es mir vorkam, noch auf Russische Reserve-Infanterie lossteuerten, die im zweiten
Treffen zu stehen schien; doch vermag ich nicht anzugeben, was weiter aus der Sache geworden ist.

Als der General Thielemann jetzt die Russische Reserve-Kavallerie von der linken Seite heranrücken sah,
brachte er es zwar dahin, dass die Brigade (das heisst,
soviel davon vereinigt war), wieder antrabte, und dass
eine Art von Links-Schwenkung begann; allein diese
Bewegung ging doch nur langsam von Statten, und
die Russische Reserve-Kavallerie (T. T.) prallte jetzt

Menschen und Pferden, zertrümmerten Wagen etc. bestanden. Da man nur
mit Todten und Sterbenden zu schaffen hatte, so war doch eigentlich für
einen besonnenen, körperlich noch einigermassen rüstigen Menschen keine
Gefahr vorhanden und es handelte sich nur darum, die richtige Zeit wahrzunehmen.

an die wenig geordnete Linie (die zum Theil 6 bis 8 Mann hoch wieder angetrabt war) an, wobei sich alsdann ein Jeder, so gut es gehen mochte, seiner Haut wehrte.

Der Premier-Lieutenant von Beulwitz wurde gefangen, und sehr viele Offiziere blessirt. Endlich entschied besonders ein feindliches Husaren-Regiment, das mit Lanzen bewaffnet war, durch einen Angriff auf die linke Flanke zu Gunsten der Russen; obgleich sich die Majors v. Schönfeld und v. Nerhoff wacker dagegen anstemmten. — In Folge dieses Angriffs drehte zuletzt Alles um, und die Sächsische Cuirassier-Brigade wurde nun wieder beinah bis auf den Punkt zurückgedrängt, wo die Polnischen Cuirassiere noch damit beschäftigt waren, die Gefangenen zusammen zu treiben. [39])

---

[39]) Der Ausgang eines solchen Reitergefechts hängt meist von Zufälligkeiten ab: der Theil vom Feinde, der auf unsere Fronte traf, brachte allerdings viel Wirrwarr hervor; ich glaube aber nicht, dass er uns zum Umdrehen vermocht hätte. — Der General-Lieutenant Thielemann muss den drohenden Angriff auf die Flanke zeitig wahrgenommen haben, denn er wendete sich eiligst selbst dahin, um die Gefahr abzuwenden. — Auch sah ich besonders noch den Major v. Schönfeld und Premier-Lieutenant Reimann, die sehr muthvoll auf das losgingen, was jetzt unsere Flanke angriff. — Obgleich an eine Ueberwältigung des Feindes nicht zu denken war, so wurden doch auf vielen Punkten von Offizieren und Reitern, die noch zusammenhielten, solche Versuche gemacht. Ich habe bei dieser Gelegenheit gar nichts ausgerichtet, denn ich sass leider auf einem Pferde, das sich nicht drehen und wenden liess, und war daher ganz dem Zufall preisgegeben; eigentlich froh, dass ich mit heiler Haut hier davon kam. Ja! ich muss gestehen, dass ich wissentlich keinen Säbelhieb angebracht habe. Soviel ich mich entsinne, kam auch Thielemann hier in den Fall, sich mit einigen Russen tüchtig herumzuschlagen, um nicht gefangen zu werden, und es wurden nachträglich mehrere Unteroffiziere und Reiter namhaft gemacht, die sich um die Erhaltung der Estandarten, Befreiung von Offizieren etc. besonders verdient gemacht hatten. — Jedenfalls gereicht es der Mannschaft zur besonderen Ehre, dass in diesem Handgemenge keine von den 8 Estandarten eingebüsst wurde und dass die Russen so wenige Gefangene machten. — Wer sich wundert, dass die

Die Russische Reserve-Kavallerie, aus mehreren
Regimentern bestehend, verfolgte uns nicht lebhaft, so
dass sehr bald wieder (auf den fortwährenden Zuruf
der Offiziere) Front gemacht werden konnte; wahrscheinlich s a h diese feindliche Kavallerie, dass die
Westfälische Cuirassier-Brigade zu unserer Unterstützung heranrückte. Ich vermuthe wenigstens, dass es
sich so verhielt, denn ich hörte vielfach den bekannten Russischen Zuruf „zum Anhalten", der jedenfalls
von Vorgesetzten ausging, die bemüht waren, der Verfolgung Einhalt zu thun. — Was sich bei der Westfälischen Brigade gleich Anfangs und in der Zwischenzeit zugetragen, muss ich mehr oder minder dahin gestellt sein lassen, da ich es nicht selbst gesehen habe.
Diese Brigade war nach dem, was ich gehört habe und
theilweise sah, unmittelbar nach uns durch den Grund
gegangen, und attakirte, auf der Höhe angelangt, sofort das 3. Quarrée (r.), oder ein Quarrèe, das dahinter stand. Der Oberst Gilsa, der die Brigade commandirte, ein hochgeachteter Mann, wurde dabei schwer
verwundet, und der Major von Knorr blieb in dieser
Zeit. [40]) Soviel sah ich nur, dass die Westfälische

---

beiden Sächsischen Regimenter hier nicht zum dritten Male siegreich
kämpften, der bedenkt nicht, was dieselben schnell (eigentlich in weni-
nigen Minuten) nach einander geleistet hatten. — Das Regiment Garde du
Corps hatte ja mehrere seiner höchsten Anführer verloren, und keinen Augenblick Zeit gefunden, sich vollständig wieder zu sammeln. — Von dem
Regiment von Zastrow war der Oberst ebenfalls verwundet, und ein Theil
der Mannschaft war noch in der Verfolgung der Dragoner begriffen; ein anderer Theil hatte sich beim ersten Angriff auf die Infanterie soweit links
gewendet, dass er vom Regiment abgekommen war und sich zuletzt mit der
Eroberung einiger Kanonen beschäftigte. — Die Russische Reserve-Kavallerie, welche hier angriff, war daher in aller Art im Vortheil und so weit
ich es beurtheilen konnte, der Zahl nach sehr weit überlegen.

[40]) Der Oberst-Lieutenant v. Coeln und Rittmeister v. Voss von den
Westfälischen Cuirassieren wurden ebenfalls bei dem Angriff auf das Quarrée
erschossen, und ein Augenzeuge, den ich um nähere Auskunft gebeten,

Brigade jetzt ebenfalls gegen die Russische Kavallerie
— links neben uns — im Trabe vorging, und sie kam
also jedenfalls sehr zur rechten Zeit, denn, obgleich
der grösste Theil der Sächsischen Brigade schon wieder Front gemacht hatte, so waren doch die Eskadronen vermengt, und wir fanden nun Zeit zur Rangirung
und zum Abtheilen zu Dreien. — Da die Sächsischen
Cuirassier-Regimenter nicht mit Zügen exerzirten, so
war dieses Abtheilen zu Dreien unumgänglich nothwendig. Die Ordnung bei den Bewegungen seitwärts
und rückwärts hing eigentlich ganz davon ab, und
es wäre uns an diesem Tage sehr zu Statten gekommen, wenn die Mannschaft daran gewöhnt gewesen
wäre, mit Zügen Kehrt zu schwenken etc.

f. Während dieser Beschäftigung und während das
Polnische Cuirassier-Regiment die Gefangenen von vielen Seiten her zusammenbrachte und sich hinter
unserer Fronte rangirte, langte nun auch die
Französische Infanterie auf der Anhöhe, beim Dorfe,
an — und fing an, sich rechts neben uns (etwas mehr
rückwärts hart am Dorfe) aufzustellen.

Erst zu dieser Zeit kam auch der General Latour-
Maubourg wieder vor unsere Front und befahl nach
einiger Zeit, da der Feind abzog, dass wir hinter die
Infanterie (oder vielmehr hinter den rechten Flügel der
Division Rozniecky) zurückgehen sollten. Er war, wie
ich mich nachher überzeugte, mit der Westfälischen
Cuirassier-Brigade, welcher er die Richtung, in der
sie attakiren und uns unterstützen sollte, angab, zu-
gleich auf der Anhöhe angelangt und hatte sodann die
Ulanen-Division Rozniecky, die der Division Lorge zur

---

behauptet, dass 4 bis 6 Kanonen im Quarrée gestanden hätten. Bei der
Attake auf die Russische Kavallerie wurde der Rittmeister Davdis I. und
Rittmeister Fuhrmann blessirt, und ist der Erstgenannte verschollen.

5 *

Seite gefolgt war, links aufmarschiren lassen, auch
führten die an der Tête befindlichen Ulanen-Regimenter
sofort einige Attaken auf Infanterie aus, die wir indess
nicht genau sehen konnten.

Die Gründe, welche den General Latour-Maubourg
veranlassten, nicht weiter nachzurücken — vermag ich
nicht anzugeben, da ich die feindlichen Streitkräfte,
welche der Division Rozniecky gegenüber standen, nicht
mit eignen Augen sah — und nur vom Hörensagen
weiss, dass die Ulanen ziemlich weit auf dem Plateau
vordrangen. — Bedenkt man aber, dass es sich zuvörderst darum handelte, der Division Friand Zeit zu
gönnen, sich in und neben dem Dorfe Semenofskoy gehörig aufzustellen, so begreift man sehr wohl, dass
Latour-Maubourg vorerst seine Artillerie abwartete und
jetzt nur auf die Behauptung der Anhöhe Bedacht nahm.
Dazu war er auch wohl um so mehr genöthigt, als die
Russische Reserve (oder ihre zweite Linie), auf welche
die Infanterie, die er vertrieben hatte, sich zurückzog, nicht fern gestanden haben kann, und er, beim
weiteren Vorrücken, seine linke Flanke im höchsten
Grade gefährdete. Ein Blick auf den Schlachtplan, —
auf die Lage der Rajefsky-Schanze, die noch vom
Feinde besetzt war, (sie musste zu dieser Stunde
vom Feinde längst wieder besetzt sein, denn wir sahen ja den verunglückten Angriff von Morand schon
zwischen 9 und 10 Uhr ganz deutlich — als wir noch
jenseits des Semenofska-Baches uns aufhielten) wird
jeden Sachkundigen überzeugen, dass hier von einer
heftigen Verfolgung des errungenen Vortheils nicht die
Rede sein konnte. Der König von Neapel bezeichnet
daher auch in seinem Berichte das, was Latour-Maubourg hier geleistet, ganz richtig, indem er sagt:

„Il les chargea, en sabra un grand nombre et se
„maintint dans sa position.“

Dies war auch Alles, was hier geleistet werden konnte;
denn es folgte ja hinter uns keine Infanterie; Napoleon hatte es für angemessen erachtet, mit den Garden entfernt stehen zu bleiben [41]), und die Eroberung
der Rajefsky-Schanze war dem Vice-König nicht gelungen. Wenn der König von Neapel ferner, aber allerdings in einem ganz unrichtigen Zusammenhange,
sagt:

> „La grande Redoute (die Rajefsky-Schanze), qui,
> „nous prenant en flanc, nous faisait beaucoup
> „de mal."

so kann ich die Wahrheit attestiren, denn das Kavallerie - Corps von Latour blieb ja dem
Feuer dieser Redoute noch mehrere Stunden ausgesetzt; ein Umstand, den aber Murat, wie
ich später genauer noch nachweisen werde, zu Gunsten von Caulincourt ganz poetisch übertünchte. Da ich
hier von mehreren Stunden gesprochen, die der

---

[41]) Dass Napoleon zu dieser Zeit mit seinen Garden nicht näher heran
rückte, ist, wie bekannt, vielfach getadelt worden: es fällt mir nicht ein,
darüber abzuurteln, doch muss ich bekennen, dass mir bis dato nur die
Gründe einleuchtend waren, die der General Clausewitz anführt, um dar-
zuthun, dass der Kaiser seine Garden nicht füglich daran spannen konnte,
um die Entscheidung des Tages schneller herbeizuführen und schliesslich einen vollständigen Sieg zu erlangen. Von dem, was der Graf Segur
über die Unentschlossenheit und Hinfälligkeit des Kaisers berichet, möchte
Vieles zu streichen sein, und wenn wirklich Murat zum vierten Male zum
Kaiser zurückschickte und mit nachstehenden Worten Unterstützung verlangte: „Il ne lui demande plus que celle de sa garde; soutenu par elle,
„il tournera ces hauteurs retranchées et *les fera tomber — avec l'armée*
„qui les défend" — so beweist die Art, wie Napoleon diesem Verlangen
entsprach, dass er, trotz aller Hinfälligkeit, sich doch in dem, was er für
zweckmäsig erachtete, nicht irre machen liess. Ja es ist sogar anzunehmen,
dass Napoleon dem Verlangen Murats kein Gehör gab, weil er bereits
die Ueberzeugung erlangt hatte, welche der Graf Segur, wie es scheint,
erst nach Verlauf von einer Stunde erlangte und die er mit folgenden
Worten der Nachwelt mittheilt: „Mais il n'était plus temps; il ne fallait
„plus songer à s'emparer de toute l'armée russe, et peut-être de la Russie
„entière; mais seulement du champ de bataille."

König von Neapel mit Stillschweigen überging, so muss
ich allerdings eingestehen, dass ich nicht nach der Uhr
gesehen habe und dass mir die Zeit verflucht lang geworden ist. Ich möchte aber behaupten, dass die Kriegs-
geschichte kaum ein ähnliches Beispiel aufzuweisen hat,
und die Zahl der todten und schwer verwundeten Reiter wird mir hoffentlich vollkommen zur Entschuldigung
gereichen, wenn ich mich um eine Viertelstunde ver-
rechnet haben sollte. Unthätiges Ausharren im wirksamen Kanonenfeuer, wie es hier Napoleon seiner Kavallerie zumuthete, gehört sicher unter die schwierig-
sten und unangenehmsten Aufgaben. In wie weit es
möglich war, ein solches unthätiges Ausharrren zu ver-
meiden, muss ich dahin gestellt sein lassen. — Da der
grösste Feldherr seiner Zeit es für nothwendig erachtete, seine Kavallerie so und nicht anders zu ver-
wenden — so halte ich mich nur befugt, hier schliesslich zu bemerken, dass ich am andern Morgen vielfach
die Art, wie Napoleon die Kavallerie aufgeopfert hatte,
tadeln hörte; dass aber meist dem König von Neapel
die Schuld beigemessen wurde. — Viele Kavallerie-
Generale sprachen sogar diesen Tadel über Murat sehr
rücksichtslos aus, und auch Napoleon blieb selten von
den alten Generalen, die schon vor seiner Thronbe-
steigung sich emporgeschwungsn hatten, ganz ver-
schont. Nach dieser Abschweifung kehre ich zu meinem Thema zurück.

Die Division Rozniecky stand nun links neben der
Westfälischen Cuirassier-Brigade, die aber, wie gesagt,
bald darauf mit uns bis an den Abhang der Anhöhe,
auf Befehl von Latour-Maubourg, zurückging. Während wir im Schritt zurückgingen, kamen noch einige
versprengte Trupps von der Garde du Corps nachge-
jagt, und einzelne Russische Kavalleristen, die sie heftig verfolgten, prellten noch an die Französische In-

fanterie an, weshalb einige Pelotons Feuer gaben. (Ein
Französischer Infanterie-Offizier hielt die Ankommen-
den für Freunde. Er rief uns zu, und wir machten
ihn mit der Verschiedenheit der Uniformen bekannt, so
dass er zur rechten Zeit feuern lassen konnte.)

g. Dieses ist der wahre Hergang des Angriffs auf
das Dorf Semenofskoy, der sehr häufig auf ganz ver-
schiedene Art erzählt wird, und sehr oft mit dem
Angriff auf die Rajefsky-Schanze (der beinah drei Stunden später stattfand) verwech-
selt worden ist.

Hieraus dürfte wohl klar hervorgehen, dass die
Russische Infanterie (wie ich glaube, die Division des
Prinzen von Mecklenburg) übel mitgenommen wurde,
die Dragoner dieselbe zu unterstützen suchten und die
von der Seite heranrückende Russische Kavallerie (T. T.,
Reserve-Regimenter) es endlich dahin brachte, dass
die bedrängte Infanterie noch zum grössten Theil sich
rettete, da wenig Gefangene gemacht worden sind. —
Wie viel Gefangene die Division Rozniecky ablieferte,
ist mir nicht genau bekannt; die Zahl war jedenfalls
nicht sehr gross. Wenn ich mich über das, was die
Division Rozniecky hier leistete, nicht näher ausgesprochen, so geschah es, wie gesagt, weil ich es nicht
mit eigenen Augen gesehen habe. Latour-Maubourg
war aber mit dem Benehmen der Polnischen Ulanen
ausserordentlich zufrieden, und die Zufriedenheit
dieses Anführers bekundet am zuverlässigsten ihre Mitwirkung zur Eroberung und
Behauptung der Anhöhe. — Diese Ulanen waren
überhaupt eine Truppe, wie sie so bald nicht wieder
in's Feld gestellt werden wird. Nach meinem Dafürhalten drang ein Theil dieser Division ebenfalls sehr
weit auf dem Plateau vor und stiess auf Infanterie, die vom rechten Russischen Flügel

im Anmarsche war. — Jedenfalls kann ich versichern, dass die Division Lorge nicht wieder über das Semenofska – Thal zurückging, vielmehr am Abhange stehen blieb, also nur ein kleines Stück zurückging, um einigermassen gedeckt zu stehen. Auch die Division Rozniecky machte keine solche rückgängige Bewegung, ralliirte sich vielmehr oben auf der Anhöhe vor uns, und blieb dort stehen, um die Artillerie, die nun aufgefahren wurde, zu schützen. Die Behauptung vieler Schriftsteller, dass diese Artillerie auf dem erhöhten linken Ufer des Semenofska-Bachs gestanden, ist unbedingt unrichtig; denn sie etablirte sich links vor uns auf der Anhöhe, und ich habe mehrere Artilleristen, die schwer blessirt waren, zurückschleppen sehen. Die Division Friand, namentlich General Dufour, eroberte also das Dorf Semenofskoy oder besetzte es jetzt wenigstens, nach früheren vergeblichen Anstrengungen, und ging auch auf die Russische Batterie los, die am Dorfe stand, während wir die Infanterie umritten, die dem Dorfe zunächst stand, und uns sodann mit der Russischen Kavallerie herumschlugen und theilweise bis nach der zweiten Aufstellung der Russischen Infanterie vordrangen, und endlich von der Russischen Reserve-Kavallerie wieder zurückgedrängt wurden. Wie lange die oben erwähnte Russische Batterie (x. x.) noch im Dorfe Semenofskoy ausgehalten hat, ob sie freiwillig abzog oder etwa von der Infanterie genommen wurde, vermag ich nicht anzugeben. Die Batterie, welche auf dem rechten Flügel der 3 feindlichen (s. q. r.) Bataillone stand, habe ich nicht genau gesehen; es wurde aber eine Kanone mit zurückgeschleppt, und die Polnischen Ulanen kamen der Batterie, wie ich gehört habe, in die Flanke, daher sie wohl bei dieser Gelegenheit die Kanone zurückliess, die in die Hände des Regiments v. Zastrow fiel, von dem sich ein Theil des Regiments bei der ersten Attake links (wie mir scheint gegen das dritte Quarrée) gewendet hatte.

In dem Feldzuge der Sachsen pag. 378 ist gesagt, dass mehrere Brigaden des 1. Kavallerie-Corps (Nansouty) der Division Lorge zur Unterstützung heranrückten; ich erinnere mich dessen nicht; wenn es der Fall war, so war es die Division Valence vom 1. Reserve-Kavallerie-Corps (II. A. 3.), die wenigstens auf dem rechten Flügel bei Ney Anfangs, wie ich sicher weiss, nicht mitgefochten hat. Andere Schriftsteller geben sogar Regimenter der Division Defrance an, weil sie die beiden ganz verschiedenen Angriffe, den auf das Dorf Semenofskoy (welcher schon Vormittags stattfand) und den auf die Rajefsky-Schanze (der erst gegen 3 Uhr unternommen wurde), zusammen mengen; diese Division gehörte aber zum 2. Kavallerie-Corps (Montbrun), und es befanden sich bei derselben die Carabinier-Regimenter mit rothen Helmbüschen etc., die mir sicher aufgefallen wären, obgleich ich, als die Division Lorge, wie vorerwähnt, wieder beinah hinter die Anhöhen sich zurückgezogen hatte, damit beschäftigt war, mein Handpferd zu besteigen [42]), da das aufgefangene Pferd nichts taugte.

Viele Schriftsteller (so auch wie vorerwähnt der Marquis von Chambray) sprechen sogar von Verschanzungen, gegen welche die Attaken der Kavallerie gerichtet wurden, die hier aber gar nicht vorhanden wa-

---

[42]) Die Ordonnanzen waren zwar mit den Handpferden nachgefolgt, scheinen jedoch, nachdem sie den Semenofska-Bach überschritten hatten, angehalten zu haben, und ich war sehr froh, meines Rothschimmels so bald habhaft zu werden. Mein alter treuer Diener Bertram hatte es aber für rathsam erachtet, weiter zurückzubleiben, und kam erst, nachdem die Schlacht beendigt war, wieder mit einem zweiten Handpferde zum Vorschein.

ren. Nur am Eingange des Dorfs Semenofskoy, erinnere ich mich, eine Art von Verschanzung mit Pallisaden
selbst geschen zu haben (dort stand auch die mehrfach
erwähnte Batterie x. x.); dahin kam aber, wie gesagt, keine Kavallerie, und nur die Infanterie von Dufour stellte sich dort auf, die indess erst eine geraume Zeit nach uns anlangte.

Ob die Polnischen Ulanen dagegen die ganze Batterie, die auf dem rechten Flügel der Russischen Infanterie (zwischen q. r.) stand, erobert haben oder
nicht, vermag ich nicht anzugeben. Ich hörte nur davon sprechen, und es scheint mir, dass hinter dem
rechten Flügel der Infanterie, die ich sah, noch andere
Bataillone standen, die sodann von den Polnischen Ulanen attakirt wurden, da mehrfach von einer Schach-
brettförmigen Aufstellung die Rede ist.

h. Der Kampf auf der Anhöhe in und bei dem Dorfe
Semenofskoy dauerte noch einige Zeit fort; auch er-
schien jetzt dort der König von Neapel bei der Division Rozniecky, und Latour-Maubourg brachte, wie gesagt, sehr bald seine 24 Geschütze heran, die vor dem
linken Flügel oder unmittelbar vor der Division Rozniecky auffuhren und wohl wesentlich dazu beitrugen,
dass die Anhöhe behauptet werden konnte.

Wie diese reitende Artillerie ihre Bewegung ausgeführt hat, vermag ich zwar nicht bestimmt anzugeben; ich glaube aber von unsern Artillerie-Offizieren
gehört zu haben, dass sie erst hinter der letzten Brigade (der Division Rozniecky) gefolgt ist, und dass
sie die Ueberschreitung des Semenofska-Bachs, obgleich
dieser beinah ganz ausgetrocknet war, auf mehreren
Stellen ausführte, weil die nachfolgenden Geschütze einsanken. Der Kapitain Hiller erstattete hierüber dem General Thielemann am andern Morgen einen mündlichen
Bericht, den ich zwar mit anhörte, von dem mir aber

leider nur eine dunkle Erinnerung geblieben ist. Soviel weiss ich indess, dass der Berichterstatter von
dieser schnellen und äusserst schwierigen Bewegung
sprach, die unter der Leitung eines Polnischen Stabs-
Offiziers, wie gesagt, mit 24 Geschützen zu gleicher
Zeit ausgeführt wurde.

§. 11.

a. Fasst man ferner die Aufstellung der Kavallerie,
die an der Schlacht Theil nahm, zwischen 12 und 3
Uhr in grösseren Zügen zusammen, so ergiebt es sich,
dass in diesen Zwischenstunden von keiner grösseren
Unternehmung mehr die Rede ist. Ein Theil der Kavallerie wurde vielmehr, wie der General Pelet wohl
ganz richtig bemerkt, gegen alle Regel zur Ausfüllung des Raumes zwischen dem Dorfe Semenofskoy und der Kalotscha vom Könige
von Neapel verwendet; es waren aber ausserdem noch

1. Rechts von Semenofskoy dem feindlichen Feuer ausgesetzt, die Brigade Hammer-
stein . . . . 3 Reg.
2. Die vereinigte Kavallerie von
Davoust und Ney unter Girardin 10 „   } 22 Reg.
3. Die Division Bruyère und die
Division St. Germain vom 1.
Kavallerie-Corps (Nansouty) 9 „
die jedenfalls dort ausreichten, da der
Feind die Wiedereroberung der Redans
(oder Bagrations-Schanze) aufgegeben
hatte. [43])

Latus 22 Reg.

[43]) Ihnen gegenüber stand ein Theil vom 4. Russischen Kavallerie-
Corps (General Sievers) und die 2. Cuirassier-Division (General Duca).

Transp. 22 Reg.

4. Hatte der Vice-König (wenn man auch annimmt, dass er die Dragoner Division La Haussaye, als Uwarow zurückging, wieder an sich gezogen hatte) den General Ornano auf dem linken Ufer der Kalotscha zurückgelassen mit . 8 Reg.

5. Ausserdem die Chasseurs von Chastels Division . . . . . 3 „

6. Und höchst wahrscheinlich die Italienischen Garde-Dragoner en Réserve . . . . 2 „

13 Reg.

so dass also in Summa Summarum 35 Kavallerie-Regimenter hier nicht in Anrechnung kommen können, und

7. Einschliesslich der 4 Regimenter, die sich bei Poniatowski auf dem äussersten rechten Flügel befanden, 39 Regimenter nachgewiesen sind. [44])

Hieraus ergiebt es sich nun, dass der König von Neapel, einschliesslich von Grouchy, doch nur 39 Regimenter übrig hatte, die (à 206 Mann gerechnet, vielleicht nur 8000 Pferde stark waren) jeden Falls zu dieser Zeit, zwischen 12 und 3 Uhr, nicht über 9 bis 10,000 Mann in Reih und Glied hatten.

---

[44]) Was von Russischer Seite für Kavallerie dem Fürsten Poniatowsky entgegenstand, konnte ich bis dato nicht ermitteln; nur Karpow mit seinen Kosaken ist genannt. Den oben angeführten 13 Französischen Kavallerie-Regimentern auf dem linken Ufer der Kalotscha stand nur Platow einigermassen thätig gegenüber, denn Uwarow (1. Kavallerie-Corps) hatte die Unternehmung bald aufgegeben und figurirte jetzt bloss noch; der General Korf (2. Kavallerie-Corps) stand unthätig Anfangs hinter Gorky und wurde später vom rechten Flügel nach dem Russischen Centrum herangeholt, ging also über den Slonez-Bach, um die Truppen, welche die Rajefsky-Schanze vertheidigten, zu unterstützen.

Sollte vielleicht die Cuirassier – Division Valence (II. A. 3.) vom 1. Corps (Nansouty) nicht mit nach Semenofskoy gefolgt sein (wie es allerdings möglich ist), so waren nur 35 Regimenter vorhanden. Ja man kann sogar füglich noch die 8 Regimenter (F. 1. 2.), die Grouchy bei sich behalten hatte, abziehen, da diese Kavallerie hart an der Kalotscha stand und sich nicht rühren konnte, so lange der Feind sich noch im Besitze der Rajefsky-Schanze befand. Der Marquis v. Chambray (übersetzt von Blesson) sagt zwar (pag. 179), der Vice – König hätte den General Grouchy hinter dem rechten Flügel seiner Infanterie – Division aufgestellt, welches indess ganz unrichtig ist, denn er stand, wie oben bemerkt, hart an der Kalotscha, links von der Infanterie.

Aus allen diesen Angaben geht also wohl hervor, dass der König von Neapel doch eigentlich nur noch über . . . . 12 Regimenter unter Latour-Maubourg (V. C. 1. 2.) und 15   „ unter Montbrun (später Caulincourt) (II. B. 1. 2. 3.)

—————————

27 Regimenter in Summa disponiren konnte.

Rechnet man diese 27 Regimenter sogar zu 250 bis 300 Pferden in Reih und Glied, so kommen nur 6,750 oder höchstens 8,100 Pferde heraus, und sehr viel stärker waren sie sicher nicht, da namentlich Latour-Maubourg's 4. Kavallerie-Corps schon viel gelitten hatte. [45]) Der Raum, der ausgefüllt werden sollte,

—————————

[45]) Dieser Französischen Kavallerie stand zwischen 12 und 3 Uhr, von Semenofskoy ab, nur ein Theil des 4. Kavallerie - Corps unter Sievers Stellvertreter, und unfern der Rajefsky - Schanze der General Kreutz, mit dem 3. Kavallerie - Corps, gegenüber, bis auch der General Korff, mit

betrug vom Dorfe Semenofskoy bis zur Rajefsky-Schanze, wenn der Plan von Chambray (Blesson) richtig ist, nur etwa 1200 Schritte; bis zur Infanterie des Vice-Königs gewiss 1500 und bis zum Einfluss der Semenofska in die Kalotscha mindestens 2000 Schritte. [46])

b. Wie der König von Neapel seine reitende Artillerie gebrauchte, ist nicht bestimmt zu ermitteln. Er disponirte über 88 reitende Artillerie-Geschütze, welche die 4 Reserve-Kavallerie-Corps mitführten; doch waren sicher die 10 Geschütze, die zum 3. Kavallerie-Corps (Grouchy) gehörten, bei dem Corps des Vice-Königs, ob auf dem rechten oder linken Ufer der Kalotscha,

---

dem 2. Kavallerie-Corps, anlangte und endlich gegen 3 Uhr von der 1. Cuirassier-Division aus der Reserve (von Kniaskowo her) noch drei Garde-Kavallerie-Regimenter als letzte Unterstützung herangeholt wurden. Diese Cuirassier-Division scheint man zuvörderst gegen Semenofskoy dirigirt zu haben, und die besagten 3 Regimenter wurden erst zurückgeholt, als Latour-Maubourg's, Montbrun's und Grouchy's Kavallerie (gegen 3 Uhr) die von der Rajefsky-Schanze abziehende Russische Infanterie von allen Seiten heftig angriff.

[46]) Da auf dem Plan, den der General v. Hofmann mitgetheilt hat, diese Räume viel grösser sind, so habe ich den hier beigefügten Plan damit in Uebereinstimmung bringen lassen. Die Truppen standen zwar meist in Colonnen, allein sie bedurften doch wohl einen grössern Raum, da ausser den Infanterie-Divisionen des Vice-Königs Grouchy, Montbrun und Latour-Maubourg mit ihrer Kavallerie vom Ufer der Kalotscha an gerechnet bis gegen Semenofskoy hin aufgestellt waren. Ich glaube, dass der Zwischenraum vom Dorf Semenofskoy bis zur Kalotscha 3000 Schritte betragen hat, und dass die Rajefsky-Schanze von den Verschanzungen beim Dorfe Semenofskoy 1700 Schritte entfernt war. Nach der Eroberung dieses Dorfes stand die Sächsische Brigade etwa 150 Schritte links vom Dorfe en Ligne und bedurfte also, einschliesslich des besagten Abstandes, die Regimenter zu 150 Schritten berechnet, in Summa 450 Schritte; nimmt man auch an, dass die Wesfälische Brigade und die beiden Ulanen-Brigaden daneben in Colonne aufgestellt waren, und nur 300 Schritte ausfüllten, so kommen doch schon 750 Schritte heraus, und der linke Flügel des 4. Armee-Corps (Latour-Maubourg) konnte also von der Rajefsky-Schanze aus schon erreicht werden. Der König von Neapel sagt daher wohl ganz richtig: „La grande Redoute — nous prenant en flanc — nous faisait beaucoup de mal!" denn es waren lauter 12 Pfünder dort aufgestellt.

ist sehr schwer zu entscheiden; ich bin geneigt, anzunehmen, dass sie sich bei den Chasseurs befanden, die Ornano zu Hülfe geschickt wurden. Auch die 25 Geschütze, die zum 1. Kavallerie-Corps (Nansouty) gehörten, sind höchst wahrscheinlich da verwendet worden, wo Nansouty stand (III. A. 1. 2.); doch wäre es möglich, dass sie mit der Cuirassier-Division Valence in der Richtung nach der Anhöhe von Semenofskoy (von II. A. 3. aus) gefolgt sind. Der König von Neapel sagt in seinem Bericht nur höchst oberflächlich:

„Appuyé par une nombreuse cavalerie, l'ennemi *„marchait pour reprendre le village.* [47]) J'avais „fait successivement arriver toute l'artillerie de „la cavalérie et celle de la Division Friand. En-„viron 80 pièces de canon furent mises en bat-„terie etc.“

Da Latour-Maubourg, wie früher erwähnt, seine 24 Geschütze auf dem linken Flügel oder vor der Di-

---

[47]) Der König von Neapel sagt zwar hier ganz bestimmt: „marchait, *pour reprendre le village*“ etc. Ich kann daran nicht glauben, denn Latour-Maubourg hätte in diesem Falle nicht ruhig zugesehen; das war nicht seine Art, die Infanterie zu unterstützen, und ich sah ihn zu der Zeit sehr ruhig oben bei der Division Rozniecky halten, hinter deren rechtem Flügel wir Front gemacht hatten. Die Russen brachten allerdings bald, nachdem sie aus dem Dorfe Semenofskoy verdrängt worden waren, eine grössere Truppenmasse dem Dorfe gegenüber zusammen, und ich habe, wie früher erwähnt, schon damals, als die Garde du Corps sehr weit vorgedrungen war, einen Theil dieser Truppen selbst dort gesehen (U. U. U.), allein es kam zu keinem förmlichen ununterbrochenen Vorrücken und Angriff; wir standen ja noch einige Zeit ziemlich nah, und es wäre mir ein solches erneuertes Gefecht nicht entgangen, da ich mehrere Male in dieser Zeit hin und her geschickt wurde. Ich weiss sehr wohl, dass auch in Russischen Berichten davon die Rede ist; bin aber doch der Meinung, das die grosse Masse Artillerie, die sehr bald auf diesem Punkt zusammen gebracht wurde, den Russen dermassen imponirte, dass sie nicht förmlich angriffen, vielmehr nur der Artillerie gegenüber bis zum Dunkelwerden Stand hielten.

vision Rozniecky auffahren liess (II. n. n.), nachdem
Semenofskoy erobert war, so setze ich voraus, dass
auch die Artillerie der Division Friand, nahe am
Dorfe (rechts von unserer Artillerie), auf dem linken Flügel dieser Infanterie-Division, aufgestellt wurde. Es ist wohl anzunehmen, dass es nicht
über 12 Geschütze waren, und hiernach wären also
sehr bald nach der Eroberung des Dorfs auf
der Anhöhe etwa 36 Geschütze in volle Thätigkeit gekommen. Etwas später mag der König von Neapel
noch die 25 (reitende Artillerie) Geschütze mit der
Division Valence (vom 1. Corps) herübergezogen haben, und so kamen dann, links vom Dorfe Semenofskoy 61 Geschütze zusammen. Wenn nun (wie
Blesson I. Band pag. 181 die Angabe vom Marquis
Chambray erläutert hat) später Graf Sorbier 24 (12
Pfünder) noch heranbrachte, so waren allerdings zwischen 1 und 3 Uhr 85 Geschütze dort vereinigt, und
ich glaube, dass die zuletzt gedachten Geschütze rechts
von der Artillerie des General Latour-Maubourg sich
aufstellten (W. W. W.), wodurch der Zwischenraum
bis zur Artillerie der Division Friand nun ganz mit
Artillerie ausgefüllt wurde. [48])

[48]) Nach Soltyk pag. 204, wie der General Hofmann pag. 50 angiebt,
ging schon am Morgen eine Batterie vom 1. Kavallerie-Corps verloren, die
aber wieder vom 6. Ulanen-Regiment desselben Corps befreit wurde. Hieraus könnte man den Schluss ziehen, dass die Artillerie des 1. Kavallerie-
Corps — rechts von Semenofskoy — verwendet wurde. Da aber die Division Valence damals en réserve blieb, so frägt es sich, „ob nicht einzelne Batterien vorgezogen wurden" und die übrigen bei der Division
Valence zurückblieben, welches um so wahrscheinlicher erscheint, da es
zur Verwendung von 25 Geschützen doch wohl an Raum gefehlt hat. —
Der Division Valence waren 12 Geschütze, der Division St. Germain 7 Geschütze, der Division Bruyère 6 Geschütze attachirt; vielleicht folgten die
Geschütze den Divisionen, zu denen sie gehörten.

Das 2. Kavallerie-Corps von Montbrun war erst später von Napoleon aus der Hand gegeben worden, nämlich erst, nachdem er das Vorrücken der Division Friand für nothwendig erkannt hatte, um Semenofskoy zu erobern. Dies geht aus der Angabe vom General Pelet genau hervor, denn er sagt, wie bereits erwähnt: „Ein wenig später wurde Claparède (mit der „Weichsel-Legion) zu gleichem Zwecke abgeschickt; „er besetzte das Gehölz am andern Theile des Grundes „zur Rechten des Vice-Königs. Sobald die Russi-„schen Jäger aus dem Gehölze vertrieben „wurden, erhielt auch das 2. Kavallerie-Corps (Mont-„brun) (II. B. 1. 2. 3.) Befehl, sich dort aufzustel-„len und sich dem Grunde zu nähern, um die Lücke „zwischen der Mitte und dem linken Flügel auszu-„füllen etc." [49])

c. Hiernach hatte also Napoleon nur noch die Garden als Haupt-Reserve zurückbehalten, dagegen die letzten zwei Trümpfe, die er ausser der Garde noch besass, zuerst die Division Friand mit Latour-Maubourg (zur Eroberung von Semenofskoy) und endlich die Infanterie-Division Claparède und Montbrun (zur Eroberung der Rajefsky-Schanze) ausgespielt. Dass Montbrun seine 29 reitenden Geschütze bei sich hatte, glaube ich sicher voraussetzen zu können, da es sich nicht denken lässt, dass diese Kavallerie ohne reitende Artillerie verwendet wurde. Ja ich glaube sie sogar dort in voller Thätigkeit gesehen zu haben.

Das Kavallerie-Corps von Montbrun stand hiernach sicher links von Latour-Maubourg, und ich werde spä-

---

[49]) Bie Vertreibung der Russischen Jäger war jedenfalls seit geraumer Zeit erfolgt. Als Montbrun den Befehl erhielt, sich dahin zu dirigiren, waren sie längst über den Semenofska-Bach (Grund) zurückgedrängt.

ter zeigen, dass der General Montbrun mit der 2. leichten Division (II. B. 1.) von Pajol [50]) commandirt (das
11. und 12. Chasseur-Regiment, 5. und 9. Husaren-
Regiment, 10. Polnische Husaren-Regiment, das Preussische Ulanen-Regiment und das 3. Würtembergische
Jäger-Regiment) nahe an die Infanterie des Vice-
Königs herangerückt war und hinter derselben die Division von Wathier (II. B. 2.) (5., 8. und 10. Cuirassier-Regiment, 2. Chasseur-Regiment) aufgestellt
hat. Die Cuirassier-Division de France (II. B. 3.)
(1. und 2. Carabinier-Regiment, 1. Cuirassier-Regiment und 4. Chasseur-Regiment) hatte er aber näher
an Latour-Maubourg herangeschoben. In dieser Zeit
(es mochte 1 Uhr sein) blieb auch Montbrun, und Caulincourt ersetzte ihn (doch wahrscheinlicher noch der
General Wathier oder ein anderer Divisions-General)
im Commando, weshalb er auch gegen 3 Uhr die Rajefsky-Schanze mit dem 5. Cuirassier-Regiment attakirt haben mag.

Hiernach glaube ich nun die Aufstellung und Verwendung der Artillerie und Kavallerie, die aber jetzt
nur dem Namen nach unter dem König von Neapel
stand, für die Zeit von 1 Uhr bis gegen 3 Uhr nachgewiesen zu haben, und es bedarf schliesslich nur noch
der Bemerkung, dass in der ganzen Zeit, obgleich die
Kavallerie fortwährend dem Geschützfeuer
ausgesetzt blieb, nichts Erhebliches unternommen wurde. Auf unserm rechten Flügel (näher am Dorfe Semenofskoy) mögen gleich Anfangs noch
einzelne Attaken stattgefunden haben, um die Geschütze
zu vertheidigen; auch mag vielleicht später links von

[50]) Nicht von Sebastiani commandirt, der sich bei Poniatowsky befand,
und diesem nützliche Rathschläge, wie der Fürst selbst sagt, ertheilte. Ob
indess Pajol an seine Stelle getreten ist — erscheint zweifelhaft — da er
beim 1. Infanterie-Corps, unter Davoust, angestellt war.

aus Montbrun, mit der Division Pajol (II. B. 1.) (die
2. leichte Division von Sebastiani, der abwesend war)
ins Gefecht gekommen sein, als die Infanterie des
Vice-Königs (E. 1.) den Semenofska-Bach (der übrigens beinah ganz ausgetrocknet war) wieder überschritt und sich der Rajefsky-Schanze näherte. Auffallend ist es aber, dass die Offiziere des Preussischen Ulanen-Regiments nichts davon erwäh-
nen [51]), und ich bin daher geneigt anzunehmen, dass
nicht attakirt wurde oder nur einzelne Theile angriffen. —

---

[51]) Das Preussische Ulanen-Regiment bestand aus 2 Eskadronen des
Brandenburgischen und 2 Eskadronen des Schlesischen Ulanen-Regiments.
Es war beim Ausmarsch 648 Pferde stark, und verlor durch Gefechte und
Anstrengungen vom 28 Juni bis zum 7. September 300 Pferde, denn es
scheint nur mit 291 Pferden in der Schlacht bei Borodino mitgewirkt zu
haben. Das Regiment bildete, mit dem 10. Polnischen Husaren-Regiment
und dem 2. Würtembergischen Jäger-Regimente, die 16. leichte Kavallerie-
Brigade, der 2. leichten Division des 2. Kavallerie-Corps (unter Montbrun); das anfangs hinter Ney folgte, sodann aber weiter links dirigirt
wurde. In der Geschichte des Brandenburgischen Ulanen-Regiments pag.
33 ist ausdrücklich gesagt:

»Indess kam das Regiment in der Schlacht bei Borodino nicht zu
»wirklichen Angriffen und Gefechten, sondern es hatte die Ehre, Bat-
»terien zu decken, wobei es viele Leute und Pferde verlor. Nur ein-
»mal wurde es zur Attake auf feindliche Artillerie vorgeführt, welche
»aber nicht so lange Stand hielt« . . .

Ferner ist gesagt:

»Obwohl es nicht Gelegenheit gehabt hatte an den Angriffen Theil zu
»nehmen, in denen die Truppen handgemein wurden, so zeichnete es
»sich doch nicht weniger durch seinen passiven Muth aus, mit dem es
»in dem heftigsten Kanonenfeuer — vom frühen Morgen bis
»zum späten Abend still zu halten gezwungen war«....

Das Regiment verlor allein durch Geschützfeuer an diesem Tage 125 Pferde,
und war am 8. September auf 166 reduzirt. Aus mehrern andern Angaben geht übrigens klar hervor, das die oben bezeichneten Regimenter,
welche die Brigade Superwiec ausmachten, der Rajefsky-Schanze gegenüber aufgestellt waren, und von 12 Uhr bis gegen 3 Uhr Nachmittag un-
geheuer gelitten haben. Selbst die Regimenter im 2. Treffen litten ausserordentlich durch Granaten; die ganze Division Sebastiani war also wohl
hier aufgestellt, und die Cuirassier-Division Wathier — wie es scheint —
hinter oder seitwärts derselben.

6 *

Da wir das Schlachtfeld, das heisst den Wiesengrund, in dem der Semenofska-Bach fliesst, genau übersehen konnten, so bin ich wenigstens fest davon überzeugt, dass es sich so verhält; auch glaube ich, dass die reitende Artillerie von Montbrun (b. b. b.) die Rajefsky-Schanze in der Zeit beschoss, aber doch meist nur Granaten dahin schleuderte, die wir häufig in der Luft aufgehen sahen. Es hatte selbst das Ansehen, als ob eine Französische Batterie, die jenseits der Kalotscha stand, nach der Rajefsky-Schanze herüber feuerte.

§. 12.

a. Es wurde früher schon erwähnt, dass die Division Lorge nach dem Gefechte beim Dorfe Semenofskoy (etwa 100 bis 150 Schritt) bis hinter den Kamm der Anhöhe zurückging. (Die Angabe, dass sie wieder ganz über den Grund zurückgegangen sei, ist aber gänzlich unrichtig). Sehr bald nach der Eroberung von Semenofskoy schien die Absicht des Generals Latour-Maubourg vorzugsweise dahin gerichtet, diese Division der Wirkung des Feuers zu entziehen, indem er sie zurückgehen liess, obgleich der Feind abzog; später lag indess diese Absicht wohl nicht allein zum Grunde, denn es wurden noch m e h r e r e B e w e g u n g e n s t e t s i m S c h r i t t l i n k s s e i t w ä r t s gemacht, so dass dieselbe nach einiger Zeit sich neben oder vielmehr hinter dem linken Flügel der Division Rozniecky befand, und sich also immer mehr vom Dorfe Semenofskoy entfernte, dagegen der Rajefsky-Schanze näher zu stehen kam [52]), von wo aus der Feind uns

---

[52]) Da Latour-Maubourg seine Cuirassiere (V. C. 2.) ganz von Friands und Dufours Infanterie entfernte und die Division Rozniecky (V. C. 2.) ebenfalls l i n k s bewegte, so dass sie beinah hinter den linken Flügel sei-

jetzt fortwährend mit Kugeln und Granaten bediente. Der General Latour-Maubourg hielt sich bei der Division Rozniecky auf, die vor uns stand, und kam in der Zwischenzeit nicht zur Division Lorge; er dirigirte vielmehr deren Bewegungen durch seinen General-Stab oder durch Ordonnanz-Offiziere. Der General Thielemann wurde mehrere Male sehr unwillig über die Art, wie ihm hier specielle Befehle zu unerheblichen Veränderungen in der Aufstellung mitgetheilt wurden, denn er fand sich in seinem Wirkungskreise als General beeinträchtigt und hatte durchaus nicht Lust, sich zur „Commandir-Maschine" herabwürdigen zu lassen; er war überhaupt der Ansicht, dass dieses Hin- und Herrücken im heftigen Feuer nachtheilig auf den Geist der Mannschaft einwirke.

Die Westfälische Brigade, bei der sich der General Lorge befand, stand stets hinter uns und machte diese Bewegungen mit, die, wie gesagt, im Schritt ausgeführt wurden, weil es sich nur darum handelte, eine Terrain-Falte aufzufinden, die uns Schutz gewähren sollte. Wir kamen aber meist von dem Regen in die Traufe, und der General sagte einige Mal: „Wir ziehen ja hier herum, wie die Katze mit den Jungen; hier hilft nur ruhiges Aushalten, oder muthvolles Darauflosgehen." In der ersten Zeit erreichten uns besonders feindliche Granaten, später mehr Kanonenkugeln, welche uns von der Rajefsky-Schanze her zugeschickt wurden. Dem Polnischen Adjutanten des General Thie-

---

ner Artillerie (II. n. n.) zu stehen kam, so liegt hierin wohl der Beweis, dass die Cuirassier-Division Valence dort en réserve stand. Ohne diese Voraussetzung wäre diese Infanterie ohne Kavallerie geblieben, welches kaum denkbar ist. Ich glaube daher, dass die Cuirassier-Division Valence rechts von der Division Rozniecky (V. C. 1.) stand, welches mir um so wahrscheinlicher ist, da auch der König von Neapel sich in jener Gegend am Nachmittag aufhielt.

lemann zerschmetterte in dieser Zeit eine Kugel den
Schenkel, und der Verlust der Division an Leuten und
Pferden wurde überhaupt immer bedeutender. Da fortwährend Leute und Pferde erschossen wurden, so war
die Mannschaft immer mit dem „Abzählen zu Dreien"
beschäftigt, und es hörte dieses laute Abzählen von
Seiten der Mannschaft eigentlich gar nicht auf.

Der General-Lieutenant Thielemann hielt jetzt vor
dem rechten Flügel der Garde du Corps, als auch seinem Pferde durch eine Granate, die ganz in unserer
Nähe gesprungen war, das linke Schulterblatt zerschmettert wurde. Während Thielemann nun schnell
in der Intervalle ein anderes Pferd bestieg [53]), machte
die Garde du Corps (in Folge eines Befehls, den ein
Polnischer Adjutant des General Latour-Maubourg d i -
r e c t dem Commandeur des Regiments überbracht hatte)
links um: hierüber sehr aufgebracht, jagte Thielemann vor die Fronte, um der Bewegung, die
ohne seinen Befehl begonnen hatte, wieder
Einhalt zu thun, und der Polnische Adjutant, der
den Befehl überbracht hatte, entschuldigte sich u n g e -

---

[53]) Die Ordonnanzen mit den Handpferden hatten die erhaltenen Befehle pünktlich befolgt, und hielten hinter der Intervalle, so dass sie schnell
bei der Hand waren, als der General von seinem verwundeten Pferde ab-
stieg. Das Thier hatte die wenigen Schritte bis in die Intervalle auf drei
Beinen zurückgelegt, das Granatstück (beiläufig so gross, wie eine Hand)
war zwischen Fell und Fleisch stecken geblieben, weil die Chabraque oder
die Pistolenholfter die Wirkung gemildert hatte, und Thielemann sagte,
soviel ich mich erinnere, zur Ordonnanz, während er wieder aufstieg:
„Nimm das Stück Eisen zum Andenken mit nach Hause." Ob
dasselbe schon vor der Fronte auf die Erde herunterfiel und dort aufgeho-
ben wurde, oder in der Intervalle, als Thielemann den Schuss untersuchte,
herunterfiel, ist mir nicht mehr genau erinnerlich; ich weiss nur, dass der
Befehl genau befolgt wurde, und dass ich die Zuversicht und Seelenruhe
des Generals bewunderte, da zur Rückkehr nach dem Vaterlande wenig
Aussicht vorhanden war; der Gedanke, todt oder zum Krüppel geschossen
zu werden, viel näher lag.

schickter Weise damit, „den General nicht
auf seinem Posten gefunden zu haben", kehrte
aber sofort im Galopp zum General Latour-Maubourg
zurück, als der General Thielemann den Säbel zog und
wie ein Wüthender auf ihn los ritt. Da der General
Latour nicht weit von uns — rechts auf einer kleinen
Anhöhe — mit seinem Generalstabe hielt, so jagte nun
auch Thielemann dahin, und verlangte mit heftigen
Worten, dass der besagte Adjutant sofort entfernt
werden sollte, widrigenfalls er ihm bei nächster
Gelegenheit den Degen durch den Leib ren-
nen würde. Der General Latour sprach einige be-
sänftigende Worte, indem er den Grund der Sendung
genauer angab, und die Unterredung schloss endlich
damit, dass Thielemann sehr laut erklärte, „dass er
sich nicht von Adjutanten insultiren und commandiren
liesse." [54]) Nach diesem eigenthümlichen Intermezzo
kehrte der General Thielemann zu seiner Brigade zurück, und ritt nun an der Fronte herunter, indem er
sich mit dem Premier-Lieutenant von Minkwitz unterhielt, bei welcher Gelegenheit auch sein Adjutant,
Rittmeister Graf von Seydewitz, der mit mir hinter
dem General her ritt, erschossen wurde. Die Kugel
riss noch den Ordonnanz-Trompeter und drei Pferde
um. Ich lag noch hülflos unter meinem Pferde [55]),

---

[54]) Den König von Neapel sah ich bei dieser Gelegenheit; er hielt nach
Semenofskoy zu, nicht fern von der Infanterie des General Dufour und
beobachtete den Feind.

Die Division Rozniecky (V. C. 1.) stand in geöffneter Regiments-Colonne, die Brigaden neben einander, die reitende Artillerie des 4. Kavallerie-Corps (II. n. n.) rechts von derselben. Es wurde fortwährend gefeuert, und unsere Artillerie schien viel zu leiden. Bis gegen Semenofskoy
hin war die Artillerie in voller Thätigkeit. (Auf der Linie II. n. n. bis
W. W.)

[55]) Meinem Rothschimmel hatte die Kugel den Hals zerschmettert, so
dass der Kopf vom Rumpfe getrennt war, und ich machte einen gewaltigen Sturz. Graf Seydewitz lag, als ich die Augen aufschlug, nicht fern

als die Brigade (wie es der General Latour befohlen
hatte) links um machte und abzóg. Wahrscheinlich hielt man mich auch für abgefunden. Eine Ordonnanz, die ganz unversehrt davon gekommen war, half
mir indess unter dem Pferde hervor, und ich fing nun
das Pferd vom Grafen Seydewitz auf und ritt dem General nach, der bald wieder hatte Front machen lassen.

b. Es war hierüber der Nachmittag herangerückt,
denn die Mannschaft fing an hungrig zu werden und
speiste im wirksamen Feuer, während fortwährend Leute
todtgeschossen wurden, den Zwieback auf, der in den
Mantelsäcken seit Monaten mitgeführt wurde und bis
dahin sorgfältig verwahrt worden war. [56]) Zu der Zeit
sahen wir einen Theil des 2. Kavallerie-Corps (Montbrun (links hinter uns (II. B. 3.) in einer Niederung
stehen; der andere Theil dieses Corps stand, wie mehrfach erwähnt, (II. B. 1. 2.) noch weiter links (vor-

---

von mir und sagte noch zwei Mal: »Helft! Helft!« ehe er den Geist aufgab. Die Kugel hatte ihm den ganzen Unterleib aufgerissen und eben so
übel dem Trompeter und den andern Pferden mitgespielt. Dem General
ging der Verlust des Grafen Seydewitz sehr nahe; denn er hatte es ihm
endlich erlaubt, die Schlacht mitzumachen, obgleich derselbe seit mehren
Tagen an einem heftigen Fieber leidend und nicht vollständig dienstfähig
war. Thielemann hatte Front gegen uns gemacht, wendete indess sein
Pferd sehr bald wieder um und ritt dann an der Fornt weiter herunter, da
er sich doch nicht füglich länger um uns bekümmern konnte. Das kleine
Pferd von Seydewitz kam mir vortrefflich zu Statten; denn es war noch
sehr gut im Stande — der Liebling seines Herrn. — Als ich noch unter
meinem Pferde lag, hielt ich mich selbst für schwer verwundet, war aber
doch ohne besondern Schaden davon gekommen; froh den Platz verlassen
zu können, wo mich besonders die Hufschläge der Pferde, die unter gewaltigen Zuckungen verendeten, geängstigt hatten.

[56]) Es waren vom General Thielemann, Betreffs der Conservation dieses Zwiebacks sehr strenge Befehle gegeben; obgleich derselbe durchaus
nicht zu den Befehlshabern gehörte, die es mit der Befol-
gung ihrer Befehle im Kanonenfeuer nicht mehr so genau
nahmen, so fand er es doch ganz natürlich, dass hier eine Ausnahme
von der Regel stattfand, und liess es daher auch ruhig hingehen. Er selbst
genoss aber im Laufe des Tages nichts; doch hatten wir am Morgen sehr

wärts) nach der Kalotscha zu, und näher an der Kalotscha stand die Infanterie vom Vice-König (E. 1. 2.),
die wir vor mehreren Stunden schon einmal gegen die Rajefsky-Schanze hatten vorrücken sehen.

Ein Französischer General oder Stabs-Offizier, den
der General Thielemann kannte, und mit dem er be-
freundet schien, kam jetzt von der zuerst erwähnten
Kavallerie (II. B. 3.) durch den modrigen Wiesengrund
zu uns herüber und erzählte dem General, dass der
General Montbrun bereits geblieben sei.

Nach dieser Unterredung ritt der General wieder
langsam die Front herauf nach dem rechten Flügel der Garde du Corps und beobachtete von da
aus die Wirkung der Geschütze, die meist alle auf die
Rajefsky-Schanze gerichtet waren; wenigstens sahen
wir fortwährend dort Granaten platzen — jedoch meist
hoch in der Luft.

c. Die oben erwähnte Infanterie des Vice-Königs
rückte endlich wieder vor und hatte bereits den Semenofska-Bach und Grund überschritten, denn wir bekamen den rechten Flügel ab und zu zu sehen, und
ich sah, dass eine Granate (wie es mir schien) in ein
Musik-Corps einschlug, worauf Alles auseinander lief.
Bald darauf bemerkte ich, dass einzelne Tirailleurs
(e. e. e.) mehrere hundert Schritte rechts vor der
Schanze auf der Erde lagen und schossen; ob es Russen oder Franzosen waren, muss ich dahin gestellt
sein lassen.

---

guten Kaffee zu uns genommen, da, wie früher erwähnt, glücklicherweise
am 6. September unsere Bagage herangekommen war. Der Kaffee gehört
jedenfalls zu den besten Nahrungsmitteln im Felde, und ich begreife nicht,
dass wir nicht sorgfältiger darauf bedacht waren, uns mit einem gehörigen
Vorrath zu versehen. Bei den Russen versieht der Thee die Stelle des
Kaffees, und es scheint, dass derselbe ebenfalls Nahrungsstoffe enthält.

Der Vice-König sagt in seinem Berichte vom 10. September wörtlich:

> „Revenu de la gauche, ou ma présence avait été „nécessaire, je fis de nouvelles dispositions pour „l'attaque *de la grande redoute* (Rajefsky-Schanze).
>
> „Cinq Bataillons de la Division Gérard, qui n'a-„vaient pas donné, furent placés à la droite; la „Division Broussier en avant et à la gauche.
>
> „Toute cette Infanterie s'enleva au pas de charge „et sans tirer; *dans ce moment même les Cui-„rassiers qui étaient à sa droite, fournirent une „charge très brillante et entrèrent dans la re-„doute.*" (III. B. 2.)

Welche Cuirassiere es gewesen sind, sagt er zwar nicht, doch liegt es sehr nahe, dass es Französische Cuirassiere waren, da er sie einfach als Cuirassiere bezeichnet, und es war also die Division Wathier, bei der sich Caulincourt befand, welcher den General Wathier ersetzt hatte, der, wie ich glaube, verwundet worden war.

Da er ferner sagt:

> „Les 21., 17., 9. et 35. de ligne attaquèrent la „redoute de front et de flanc et s'en emparèrent;
>
> „elle était encore garnie de 21 pièces de canon",

so ergiebt es sich, dass diese Infanterie ziemlich gleichzeitig auf die Schanze losging und jedenfalls die rechte Flanke angriff. Ein bedeutender Theil der Infanterie muss den Goruzker Grund unterhalb der Schanze überschritten haben, denn es sagt ein Augenzeuge (pag. 435— 436 Feldzüge der Sachsen) wörtlich:

> „Zu gleicher Zeit rückten auch mehrere franzö-„sische Infanterie-Massen des Vice-Königs zur „Rechten der Division Chastel, und dicht neben „der Schanze vor, um einem abermaligen Angriffe „der feindlichen Reiterei zu begegnen."

Auch der Vice-König spricht sich klar in seinem
Berichte darüber aus, dass der Feind hinter der Schanze
aufgestellt, durch ein Ravin (den obern Auslaufer des
Goruzker Grundes) gedeckt war, und dass Grouchy
(F. 1, 2.) auf dem linken Flügel zur Unterstützung
der Infanterie in einem schwierigen Terrain gefolgt sei,
und auf der Ebene (plateau opposé) angelangt, einen
schönen Angriff gemacht habe. Wie es dabei hergegangen, erzählt der angeführte Augenzeuge pag. 434
bis 436 ausführlich, und es geht daraus hervor, dass
die Division Chastel, oder vielmehr die Brigade Domanget, eine buschigte Schlucht in Zügen passirte, um
die Infanterie des Vice-Königs zu unterstützen. Wahrscheinlich war es der untere Theil des Goruzker Grundes, nach dessen Ueberschreitung sich Chastel sofort
zum Angriff der Russischen Kavallerie, die ihm entgegen kam, entschloss. Es sind hier die Garde-Ko-
saken(?) und ein Dragoner-Regiment genannt, die sich
hinter die Geschütze sodann zurückgezogen haben
sollen, welche die Französische Reiterei mit einem
Kartätschen-Hagel empfingen. Als hierauf die Französischen Infanterie-Massen dicht neben der Rajefsky-Schanze vorrückten, brachte der General Grouchy die Dragoner-Division La Haussaye noch
heran, und es wurde ein zweiter Angriff, zu dem sich
die Russische Kavallerie entschlossen hatte, besonders
von dem 7. Dragoner-Regiment zurückgewiesen. Die
Russische Kavallerie ging abermals hinter ihre Geschütze zurück und die Division Chastel blieb nun einem
lange anhaltenden Kartätschenfeuer ausgesetzt. Erst
mit dem Beginn der Dämmerung wurde die Division
Chastel dem Feuer entzogen und über den Engpass
zurück nach einem Bivouacs-Platze geführt, wo sie,
nach der Angabe dieses Augenzeugen, noch von feindlichen Kugeln beunruhigt wurde. Vielleicht focht hier

eine Abtheilung des 2. Russischen Kavallerie – Corps unter dem Befehl des General Korf, und nicht Uwarow, bei dessen Kavallerie – Corps sich die Garde – Kosaken befanden. Ihre Rückkehr konnte indess doch bereits erfolgt sein (?), da auch der General Clausewitz zu dieser Zeit schon bei Gorki eingetroffen war.

Nach dem, was hier früher angeführt worden ist, scheint es mir unzweifelhaft, dass die Französischen Cuirassiere in die Redoute von Borodino her (III. B. 2.) eindrangen; wenn sie in der That vor uns hinein gekommen sind, woran ich indess aus nachfolgenden Gründen zweifle. Der Marquis Chambray (vid. Blesson I. Theil pag. 180) sagt übrigens ausdrücklich, dass Wathier nach der Eroberung seine Stelle rechts von Eugen (II. E. 1—) wieder eingenommen habe, woraus hervorgeht, dass der Angriff von Borodino her stattfand.

§. 13.

a. Wie ich es ausführlich so eben dargestellt habe, hielt der General Thielemann (es mochte etwa 3 Uhr sein) vor dem rechten Flügel der Garde du Corps (V. C. 2. g.) und beobachtete die Rajefsky-Schanze. Wir konnten nur wahrnehmen, dass die Infanterie des Vice-Königs (E. 1.) gegen die Schanze im Anzuge war, aber noch sehr fern stand; keine anderen Truppen waren in Bewegung. Die Kugeln, die uns von der Schanze aus mit kurzen Unterbrechungen zugeschickt wurden, schlugen nicht mehr — oder sehr nah — vor uns auf, und wir standen also nicht fern von der Schanze, die mit Zwölfpfündern gespickt war, aber wahrscheinlich ihr Feuer nach verschiedenen Punkten richtete. Kugeln, die unsere Regimenter verschonten, trafen dann meist die Westfälischen Cuirassiere, bei denen sich der General Lorge aufhielt.

In dieser Zeit kam ein Französischer Stabsoffizier von Latour-Maubourg [57]) zu uns herüber und sagte zum General Thielemann (so weit ich mich erinnere, hatte er nur einen Arm): „Von Seiten des Kaisers bringe ich Ihnen den Befehl, die Redoute anzugreifen." (Ich denke, dass der General Latour, nach dem, was sich kurz vorher zugetragen hatte, es nicht für angemessen erachtete, diesen Befehl, der jedenfalls zuvörderst an ihn gerichtet war, durch seinen Adjutanten bestellen zu lassen, und. so wird es auch erklärlich, dass Napoleon diesen auffallenden Befehl d i r e c t ertheilt haben soll. Noch wahrscheinlicher ist es mir aber, dass im A l l g e m e i n e n v o m K a i s e r d e r B e - f e h l z u r U n t e r s t ü t z u n g d e s V i c e - K ö n i g s er- t h e i l t w a r, und dass der Ueberbringer aus diesem Grunde die Worte: „von Seiten des Kaisers ist befoh- len" etc. gebrauchte.)

. Der General Thielemann ritt nun sofort im Galopp vor die Mitte der Garde du Corps und gab d o r t m i t w e n i g e n W o r t e n dem Major Löffelholz den Befehl, die Schanze zu attakiren. Da dieser aber die Schanze, oder vielmehr den Punkt, von wo aus wir beschossen wurden, und der doch noch immer ziemlich fern l i n k s v o r u n s l a g, nicht consequent im Auge behalten hatte, so begriff er diesen auffallenden Befehl nicht so- gleich, und der General kam, i m E i f e r f ü r d i e S a c h e, d u r c h d i e A n t w o r t: „W o i s t d e r F e i n d? W a s s o l l d e n n e i g e n t l i c h a t t a k i r t w e r d e n?" a u f d e n g e w i s s g a n z i r r i g e n G e -

---

[57]) Der General Latour hielt mit seinem Generalstabe hinter einem kleinen Hügel, einige hundert Schritte r e c h t s von uns, nahe am linken Flügel der Division Rozniecky (V. C. 1.)

danken, dass die rechte Lust zu einem solchen Unternehmen fehlen könnte; wogegen sich der Major, als ihm der General nun den Punkt zeigte, vorerst verwahrte und sodann erst antraben liess.

Dieser Zwischenfall führte auch, wie ich glaube, dazu, dass der Adjutant des Generals, Premier-Lieutenant v. Minkwitz [58]) mit der Garde du Corps, und, soviel mir bekannt, mit dem Rittmeister Senfft von Pilsach ritt, um die Direction, in der attakirt werden sollte, anzugeben, während Thielemann das Regiment von Zastrow (unter dem Befehl des Oberst-Lieutenant von Selmitz) ebenfalls sofort antraben liess, dann aber schnell durch eine Intervalle durchritt, um das Polnische Cuirassier-Regiment auch in Bewegung zu setzen.

Obgleich mehrfach behauptet worden ist, die ganze Brigade habe en linie attakirt, so muss ich dem doch bestimmt widersprechen. Die Regimenter standen, wenn auch nicht vollkommen, doch ziemlich allignirt hinter einander (V. C. 2. g. z. p.) und die Westfälische Brigade (V. C. 2. w.), bei der sich der General Lorge befand, über hundert Schritte dahinter in dem Wiesengrunde, denn die Kugeln, die über uns wegflogen, schlugen meist nachträglich in die Westfälischen Regimenter ein, und der Verlust dieser Regimenter war der Zeit sehr beträchtlich.

Als das Polnische Cuirassier-Regiment antrabte, sah ich, dass das Regiment Garde du Corps sich schon in einer ziemlich starken Gangart mehr links zog und so auf die Schanze losging. Das Regiment v. Zastrow

---

[58]) Dem Premier-Lieutenant v. Minkwitz war schon bei dem Angriff auf die Anhöhe von Semenofskoy sein Pferd erschossen worden, und ich glaube, dass er in der Zwischenzeit wieder ein Pferd eingebüsst hatte, jetzt sass er auf einem mit Sack und Pack belasteten müden Cuirassier-Pferde; er verrichtete daher seinen Dienst als Adjutant unter höchst erschwerenden Umständen, und das, was er leistete, gereicht ihm gewiss zur höchsten Ehre.

trable noch sehr ruhig, als ich abgeschickt wurde, um
dahin zn wirken, dass dasselbe mehr gerade aus bleiben sollte. Als ich um den rechten Flügel dieses Regiments herum kam, befand sich die Garde du Corps
schon etwas links vor uns und das Regiment von Zastrow wurde allmählig demaskirt. Viele Offiziere dieses Regiments ritten vor der Front; der Oberst-Lieutenant v. Selmitz, der Lieutenant v. Watzdorf und v.
Thielau stürzten während der Attake; nach dem Be-
fund an den Leichen, die wir am andern Tage aufge-
sucht haben, waren es Kartätschschüsse und die Leichen lagen einige hundert Schritt von der Schanze. [59])

Da das Regiment v. Zastrow sich während der Attake immer mehr rechts zog, so folgte es, der *Ordre
de Bataille* zuwider, hart hinter dem rechten Flügel der Garde du Corps und erreichte nur mit seinem linken Flügel die Schanze, welche nicht so entfernt von dem dahinter liegenden Grunde war, als es
die meisten Pläne anzeigen. Holzungen waren übrigens nirgends vorhanden, und in dem tiefen, aber

---

[59]) Die kleine Stute des Grafen Seydewitz lief noch recht gut und
ich erinnere mich noch, wie sehr ich mich freute, einen alten Freund, den
Rittmeister v. Schlieben, der mir einige Worte zurief, noch vor der Front
zu sehen. Er gehörte zu den glücklichen Soldaten, welche die gute Laune
niemals verlässt. Er hatte schon als Junker die Rhein-Campagi e mitgemacht, und es schützte ihn an diesem Tage wieder der schussfeste Cuirass,
welcher in der Schlacht bei Jena schon eine Kartätschkugel abgehalten
hatte. Vor der Campagne cantonirte das Regiment v. Zastrow in der Umgegend von Vetschau, und er gedachte noch beim Uebergang über die Beresina an meine Klagen über die schlechten Cantonirungs-Quartiere im
Spreewalde, indem er uns im Gedränge zurief: »Herr Bruder! Hier sitzen
wir in der Quetsche; ich wollte, wir sässen in Vetsche.« — Ob der Lieutenant v. Thielau hier erschossen wurde, muss ich doch dahin gestellt sein
lassen; vielleicht blieb er erst bei der folgenden Attake, denn ich erinnere
mich nur noch, dass ich seinen Fuchs, eines der besten Pferde im Regimente, davonlaufen sah, und hieraus darauf schloss, dass er verunglückt
sein müsse.

schmalen Grunde, der hinter der Schanze herunter läuft, und auf den das Regiment v. Zastrow am Ende der Attake stiess, stand Russische Infanterie, wie ich glaube gesehen zu haben, noch en ligne) und schoss sodann von unten herauf. [60]) Es war ganz unmöglich, hinunter zu reiten, dazu war der Abhang zu steil; die Schüsse gingen, als wir anhielten, wie Raketen über unsere Köpfe weg, und es wurden daher nur wenig Leute verwundet; auch glaube ich, dass die Russen unser Anrücken nicht zeitig genug bemerkt hatten, also eben so sehr über unsre Ankunft als wir über ihre Anwesenheit und den tiefen Abgrund, von dem natürlich Niemand eine Ahnung hatte, verwundert waren. Nach einigen Augenblicken bezeichnete nur noch eine Rauchwolke und einzelne Schüsse die Richtungslinie des Grundes; was sodann unten vorging, konnte man nicht mehr sehen, obgleich wir von dem Feinde höchstens 30 bis 40 Schritte entfernt waren.

b. Von dem Regiment Garde du Corps (VI. C. 2. g.) drang, wie bekannt, ein Theil der Offiziere und Mannschaft durch den flachen in losen Sand gearbeiteten Graben über die zerschossene Brustwehr in die Schanze

---

[60]) Als wir im müden Galopp hier anlangten, standen noch Infanteristen oben am Rande und feuerten, wodurch einige Leute verwundet wurden. Diese Infanteristen traten aber schnell zurück, oder sammelten sich unten im Grunde bei den Bataillonen, die sodann auch Feuer gaben, aber nichts mehr gegen uns ausrichteten. Hätte die Infanterie statt dessen die Feuerlinie am obern Rande verstärkt und die Mannschaft niederlegen lassen, so kamen wir unfehlbar in eine sehr missliche Lage. Das Sammeln unten im Grunde mochte aber dadurch herbeigeführt worden sein, oder erfolgte vielleicht ohne Befehl, als die Infanteristen das Polnische Cuirassier-Regiment ankommen sahen, das ihre Flanke zu bedrohen schien. Nachträglich ist über das, was im Augenblick grosser Gefahr zu thun oder zu lassen ist, leicht zu urtheilen; im Kriege macht sich aber Alles ganz anders und Niemand dachte wohl im Voraus daran, dass hier Kavallerie attakiren würde, die vor wenigen Minuten noch 800 bis 900 Schritte entfernt aufgestellt war.

ein, und es scheint beinah überflüssig, das, was pag.
382 in den Feldzügen der Sachsen gesagt ist, zu wiederholen [61]), da ich es als bekannt voraussetzen darf,
und, soweit ich die Sache übersah, nur angeben kann,
dass ich nahe an der Schanze noch ziemlich viele Leute
stürzen sah, und dass ganz nahe vor uns noch einige
Trupps von der Garde du Corps, die nicht über den
Graben kommen konnten, zuerst rechts um machten,
und, indem sie sich sodann gleich wieder links wendeten, in die Schanze hineinritten. Ich habe aber nicht
wahrgenommen, dass Russische Infanterie den Eingang
vertheidigte. Einige Offiziere und ein kleiner Theil der
Mannschaft vom linken Flügel des Regiments v. Zastrow folgte dieser Bewegung, als, wie oben erwähnt,
plötzlich Halt gemacht wurde (VI. C. 2. z.).

Ich glaube, dass der grösste Theil der Artilleristen
bei den Kanonen ruhig ausgehalten hat und daher nie-
dergesäbelt wurde; die Garde du Corps waren wenigstens noch damit beschäftigt, als ich mich auch in der
Schanze umsah [62]); auch glaube ich mich bestimmt zu

---

[61]) Pag. 382 heisst es wie folgt:
»Ungefähr 2 Uhr des Nachmittags kehrt Eugen zurück, um einen
»letzten Versuch auf die grosse Schanze zu wagen. In diesem Augen-
»blicke überbringt ein Adjutant Napoleons dem General - Lieutenant
»Thielemann den Befehl, dieselbe mit seiner Reiterei zu stürmen. Die
»Regimenter setzen sich sogleich in Bewegung und eilen im schnell-
»sten Gange, dessen die erschöpften Pferde fähig sind, der Schanze zu,
»aus welcher sich jetzt ein Strom von Kartätschen und Flintenkugeln,
»in voller Wirksamkeit ergoss. Nichts hemmt den Siegeslauf der un-
»erschrockenen Krieger; zuerst gelingt es dem rechten Flügel des
»Garde du Corps - Regiments, welcher einem voraneilenden Adjutanten
»des Generals Thielemann, dem Lieutenant v. Minkwitz folgt, durch
»den flachen, in losem Sand gearbeiteten Graben über die zerschossene
»Brustwehr in die Schanze zu dringen. Andere Abtheilungen folgen
»und das Werk füllt sich mit Sächsischen Reitern. Ein Theil der
»Besatzung hatte sich durch die Kehle hinausgezogen; Andere, die ihr
»Geschütz nicht verlassen wollten, wurden an demselben niedergemacht.«
[62]) Als das Regiment v. Zastrow Halt gemacht hatte, und augen-

erinnern, dass nicht viel mehr als 12 Geschütze darin aufgestellt waren, obgleich in den Französischen Berichten 21 und von Russischer Seite 18 Stück angegeben sind. Ein Russischer Offizier (der, wie ich glaube gehört zu haben, den Annen-Orden umhatte) vertheidigte sich auf einer Kanone oder Lafette, die in der Mitte stand und wurde ebenfalls niedergemacht. Am andern Morgen, als wir unsere Todten aufsuchten, war es uns natürlich auch daran gelegen, die Zahl der Geschütze, die wir allein erobert zu haben glaubten, genauer zu ermitteln. Ob bereits Geschütze fortgebracht waren, muss ich dahin gestellt sein lassen; es standen aber die Geschütze, die ich sah, noch so, wie sie von den Russen gebraucht worden waren, placirt, und ich habe nur 10 Stück 12pfündige Kanonen gezählt. In der Mitte des Werkes lagen die Trümmer von zerschossenen Lafetten; im Ausgange nach Borodino zu waren noch zwei Kanonen in einander gefahren und eine Kanone war rechts nach dem Grunde hinunter (ausserhalb des Werkes) umgeworfen. Es hatte also das Ansehen, als ob man diese Piecen hätte abfahren

---

scheinlich nichts gegen die unten im Grunde stehende Infanterie unternommen werden konnte, folgte ich der Mannschaft, die sich nach der Schanze zu gewendet hatte. Da die Schanze mit Reitern angefüllt war, so wurde ich sehr bald am weitern Vordringen verhindert, und ich erinnere mich nur noch, dass ich so weit hinein kam, um es übersehen zu können, dass es im Innern drunter und drüber ging. Als es mir sehr bald klar wurde, dass ich hier nichts würde ausrichten können, drehte ich wieder um und kehrte zum Regiment Zastrow zurück. Wahrscheinlich fiel es mir ein, dass es mir oblag, den General-Lieutenant Thielemann wieder aufzusuchen; ja ich spreche absichtlich nur von dem, was ich vielleicht dachte, weil mir von meinem Thun und Lassen nur eine dunkle Erinnerung geblieben ist und es mir daran liegt, darauf aufmerksam zu machen, dass man in solchen Augenblicken meist nur einer zufälligen Eingebung folgt, nicht immer seiner Handlungen vollständig sich bewusst ist und das, was man nachträglich hörte, mit dem was man selbst sah, zusammenmengt. Hieraus wird es auch erklärlich, warum die Aussagen von Augenzeugen nicht übereinstimmen und das, was sich zugetragen, oft ganz verdunkelt wird.

wollen. Wenn in mehreren Schriften gesagt ist, dass die Kanonen von den Franzosen sehr bald benutzt wurden, so zweifle ich daran; die Schüsse hätten über uns weggehen müssen, wie ich später zeigen werde.

In dem Werke selbst habe ich keine Russische Infanterie mehr wahrgenommen; es ist mir sogar unwahrscheinlich, dass eine grössere Anzahl von Infanteristen fortwährend in dem Werke selbst aufgestellt war, da die Artillerie den Raum beinah ganz ausfüllte, und wie mir scheint nur darauf gerechnet wurde, die Infanterie aus dem hinter der Schanze befindlichen Grunde heraufrücken zu lassen. Bedenkt man, dass diese Schanze seit vielen Stunden sehr heftig beschossen wurde, und dass jeden Falls die Kavallerie sehr unerwartet, plötzlich auf die Schanze losging und von allen Seiten heran stürmte, so begreift man leicht, dass Vieles von dem, worauf man Bedacht genommen hatte, nicht in Erfüllung ging oder nur theilweise ausgeführt wurde. Jeden Falls hatte die Infanterie durch Granaten im Lauf des Tages viel gelitten. Es ist mir indess sehr wohl erinnerlich, dass viele von meinen Kameraden, die längere Zeit in der Schanze aushielten und allerdings einige Augenblicke vor uns in dieselbe eindrangen, von einer Besatzung erzählten, die sich durch die Kehle hinausgezogen und zum Theil niedergehauen wurde; wie dies auch pag. 382 und 383 in dem bekannten Werke „Feldzüge der Sachsen" ausführlicher erzählt ist. Jeden Falls glaube ich mit Bestimmtheit angeben zu können, dass von Semenofskoy her, als das Regiment v. Zastrow anlangte (bei VI. C. 2. z.), keine feindliche Infanterie das Eindringen mehr verwehrte. Auf der andern Seite fand aber zu der Zeit noch ein heftiger Kampf statt, an dem die Russische Infanterie Theil genommen haben mag; auf unserer Seite stand sie jedoch tief unten im

7 *

Grunde, und wer nicht ganz an den steilen Abhang
vorritt, oder sein Pferd nur wenige Schritte zurückzog, hatte nichts zu befürchten.

c. Der General Thielemann muss persönlich unmittelbar vor dem rechten Flügel des Regiments v. Zastrow die Attake mitgemacht haben, wenn er nicht,
seiner Stellung als Anführer gemäss, vor dem Polnischen Cuirassier-Regiment herritt, da er sicher
voraussehen konnte, dass es sich darum han-
deln würde, die feindliche Reserve hinter
der Schanze anzugreifen, weshalb er auch wahrscheinlich dieses Regiment noch mehr rechts dirigirte,
als er sah, dass die Gardes du Corps reüssirten. Ich
fand ihn wenigstens, als ich aus dem Eingang der
Schanze [63]) wieder herauskam, beim Regiment v. Zastrow vor dem rechten Flügel, wo er nun den Majors
von Nerhoff und Schönfeld befahl, das Regiment schnell

---

[63]) Die Form der sogenannten Rajefsky-Schanze ist sehr verschieden
angegeben. Dem, was Blesson in einer Anmerkung (Nr. 32) zu pag. 149
sagt, kann ich nur beistimmen. Er fand, dass 1822 die Tiefe des Grabens
kaum noch 3 Fuss betrug und sagt, dass die Brustwehr nicht viel höher
war. Obgleich ich die Schanze am andern Morgen besichtigte, so ist mir
doch von der Form nur eine dunkle Erinnerung geblieben, und die auf
dem beiliegenden Plane Fig. a. angegebene Gestalt stimmt mit dem, was
ich sah, mehr überein, als die Fig. b. dargestellte Form. Da die Schanze
in der Eile aufgeworfen wurde und aus Steingerölle und Thon bestand,
so hatte dieselbe auffallend gelitten und konnte zuletzt den Kämpfenden nur
wenig Schutz gewährt haben; auch war das lose Erdreich von allen Seiten
in den Graben so hinabgesunken, dass derselbe nur noch von geringer Tiefe
war. Die mit dem Buchstaben c. bezeichneten Linien bestanden nur aus
einer Brustwehr, denn der schmale Graben war beinah ganz ausgefüllt.
Die Geschütze, die ich sah, waren im Innern des Werkes aufgestellt und
ich glaube, dass die zuletzt angegebenen Brustwehren nur zum Schutz der
Infanterie aufgeworfen waren. Da in der Anmerkung (Nr. 32) von Um-
gestaltungen, die von den Franzosen in der Nacht nach der
Schlacht vorgenommen wurden, die Rede ist, so muss ich geste-.
hen, dass ich darüber an Ort und Stelle nicht in's Klare gekommen bin;
indess nicht daran zweifle, weil es mir vorschwebt, dass die Rajefsky-
Schanze das Ansehen eines beinah geschlossenen Werkes hatte, welches

zu ordnen, und sodann rechtsum zu machen. Das Polnische Cuirassier-Regiment (VI. C. 2. p.) schien so eben rechts vom Regiment v. Zastrow (VI. C. 2. z.) angelangt zu sein und hatte ebenfalls Halt gemacht.

Der Pulverdampf hatte sich im obern Theil des Grundes verzogen, und die in dem hiererwähnten Grunde hinter der Schanze stehende Infanterie bestand, soweit ich mich erinnere, aus drei Bataillonen (v. v. v.); das, was im untern Theil des Grundes und überhaupt jenseits der Schanze vorging, konnte man wegen des Pulverdampfes nicht übersehen.. [64])

Der General-Lieutenant Thielemann veranlasste nun sogleich das Polnische Cuirassier-Regiment (VI. C. 2. p.), die besagte feindliche Infanterie (v. v. v.) in der linken Flanke zu attakiren, und brachte es auch eiligst dahin, dass 60 bis 80 Mann vom linken Flügel, angeführt vom Rittmeister Wollowitzsch und einem alten

---

von dieser Umgestaltung herrühren mochte. Ich bewundere übrigens die Hingebung und Ausdauer der Mannschaft, die in der Nacht zu dieser Arbeit verwendet wurde; sie gereicht ihr zur höchsten Ehre. Wenn der Befehl zu dieser Vorsichtsmassregel vom Vice-König ausging, so liegt hierin der Beweis, dass er die Möglichkeit eines erneuerten Angriffes voraussah und sich nicht siegestrunken zu Bette legte.

[64]) Da in mehreren Schriften gesagt ist, dass die Französischen Cuirassiere (von der Division Wathier), mit welchen Caulincourt die Schanze attakirte, mit der Russischen Infanterie heftig gekämpft haben sollen, so glaube ich, dass dieser Kampf auf der dem Dorfe Borodino zugekehrten Seite der Schanze stattfand. In diesem Falle begreife ich auch die auffallende Angabe von Augenzeugen:

„dass die heranstürmenden Französischen Cuirassiere die Russische In-
„fanterie dergestalt um und angeritten, dass ganze Pelotons in den
„tiefen Abgrund rückwärts hinuntergestürzt sein sollen."

Auf unserer Seite war keine Gelegenheit zu solchen Heldenthaten, denn die Russische Infanterie stand, wie gesagt, tief unten im Grunde, durch den steilen Abhang am Heraufsteigen nach der Schanze behindert. Auf der andern Seite mag sie oben gestanden und die Kehle vertheidigt haben, oder heraufgerückt sein, als die Schanze angegriffen wurde und die Geschütze in Gefahr geriethen. Suum cuique!

dicken Wachtmeister (der früher mit grosser Auszeich-
nung bei den Oestreichern gedient hatte) in den schmalen Grund hinuntertrabten. Obgleich dieser Angriff,
der nur in einer Fronte von 8 bis 10 Mann unternommen werden konnte, nicht reüssirte, so glaube ich doch,
dass er zum Theil die Russische Infanterie von der
Wiedereroberung der Schanze (dem Heraufsteigen nach
der Schanze, welche die Infanterie des Vice-Königs
noch immer nicht erreicht hatte) abhielt. Bei dem zweiten Versuch begab ich mich, auf dem rechten Flügel
der Polen, mit auf die Reise; als die Gesellschaft aber
der Infanterie näher kam, gab diese Feuer, und es
wurde, wie ich glaube, nichts ausgerichtet. Ich erinnere mich wenigstens nur, dass ich mit einigen Polnischen Cuirassieren im Pulverdampfe rechts aufs Plateau herausritt und, da ich dort das Regiment v. Zastrow (VII. C. 2. z.) so eben Front machen sah, mich
an dasselbe wieder anschloss.

Was weiter aus der Sache geworden ist, an welcher der General-Lieutenant Thielemann
einen sehr lebhaften Antheil nahm, weiss ich
nicht anzugeben; ich weiss nur, dass der Oberst Ma-
lachowski über das, was seine Cuirassiere auf Veranlassung des Generals hier geleistet haben, sehr erfreut
war, und dass der Rittmeister Wollowitzsch und sein
dicker Gehülfe Leute waren, die gern Kopf und Kragen daran setzten; ich glaube aber nicht, dass die Infanterie gefangen genommen worden ist, denn sie trat
schon in dichte Haufen zusammen, als die Polnischen
Cuirassiere den ersten Angriff machten. — Ich bin indess weit davon entfernt, hierdurch einen Tadel aus-
zusprechen, denn das Polnische Cuirassier-Regiment
war von einem wahrhaft militairischen Geiste beseelt,
und ich bin überzeugt, dass der Versuch, der an sich
sehr nützlich gewesen sein mag, misslingen

musste, weil man nur auf einem schmalen Raume bergab attakiren und gar keinen Anlauf nehmen konnte.

d. Als ich beim Regiment von Zastrow ankam, langte so eben auch die Westfälische Cuirassier-Brigade rechts von uns an und attakirte sogleich (die Regimenter folgten hinter einander), wie ich glaube, geschah es auf Befehl des Generals Latour-Maubourg. Auch die Division Rozniecky muss in dieser Zeit nicht weit rechts von uns angelangt sein; der General Latour-Maubourg kam wenigstens von daher vor die Front des Regiments v. Zastrow (VII. C. 2. z. z.), das, wie erwähnt, ziemlich geordnet (die Schanze hinter dem linken Flügel habend), Front gemacht hatte. [65]) Hier sah ich auch den General Latour-Maubourg zuerst wieder. Er rief mich zu sich, um ihm als Dolmetscher zu dienen, und er ertheilte dem Regimente den Befehl, die Infanterie sogleich zu attakiren, die jetzt nicht sehr weit links vor uns auf dem Plateau stand;

---

[65]) Bei den Regimentern, Eskadronen und Compagnien fand ein fortwährender Wechsel der Anführer statt, da viele Offiziere zu wiederholten Malen ihre Pferde einbüssten, auch wohl blessirt oder todtgeschossen wurden. — Nach der Verwundung des Obersten Trützschler commandirte der Oberst-Lieutenant v. Selmitz einige Zeit das Regiment v. Zastrow; nach seinem Tode übernahm es der Major v. Nehrhoff, der 4 Pferde unter dem Leibe einbüsste, wesshalb auch der Major v. Schönfeld zu wiederholten Malen das Commando übernahm. Mit den Regiments-Adjutanten ging es ebenso, und das, was man bei Friedens-Manövern zum Scherz in Anwendung bringt, kam überhaupt hier in der Wirklichkeit sehr oft zur Ausführung, indem sich der zunächst Haltende der Anführung einstweilen bemächtigte und so lange commandirte, bis sich wieder ein Aelterer einfand. — Von Meldungen über solche Veränderungen war natürlich zuletzt keine Rede mehr, und es möchte schwer zu ermitteln sein, wer da und dort Gelegenheit fand, sich als Anführer einer Eskadron oder Compagnie auszuzeichnen. — Von dem was der Rittmeister v. Berge, vom Regiment Garde du Corps, leistete, war vielfach die Rede, und er gehört unstreitig zu denen, die sich besonders hervorthaten; ich erinnere mich indess nicht, dass er verwundet wurde, und weiss nur, dass er doch endlich 1814 todtgeschossen worden ist.

auch erhielt der General Maubourg zu der Zeit einen Streifschuss am Halse, den er aber nur insoweit achtete, als er die Hand an die Backe andrückte und ruhig das Nöthige anordnete.

Die feindliche Infanterie bestand, wie ich glaube, aus drei Quarrées (w. w. w.) im ersten, und einigen Bataillonen im zweiten Treffen. Der Angriff des Regiments v. Zastrow auf das zunächst stehende Bataillon gelang, soweit ich es wenigstens beurtheilen konnte, nicht ganz, oder hatte nur geringen Erfolg; denn das bereits sehr zusammengeschmolzene Regiment ging an dem Quarrée rechts und links auseinander; da ich auf dem rechten Flügel mitritt, so kann ich nur bestimmt angeben, dass wir rechts weggedrängt wurden, und dass nachträglich Alles umdrehte, als uns jenseits des Quarrées die Russischen Dragoner (x. a.) sofort auf den Leib rückten. In unserm Rücken fing die Russische Infanterie, während sich noch einzelne Trupps mit den Dragonern herumhieben, und sich ein Jeder seiner Haut wehrte, schon wieder an zu feuern. — Mehrere Offiziere wurden bei dieser Gelegenheit verwundet, es gerieth indess k e i n e r in Gefangenschaft, da unsere Leute ihre Offiziere nicht im Stich liessen, und die feindlichen Dragoner ebenfalls vollständig in Unordnung gerathen waren. Die Zahl, die uns verfolgte, war aber nicht gross, und ich kann sie nur als lästige Begleiter bezeichnen, die allerdings noch da und dort einen Hieb austheilten, jedoch meist mit ihren Pferden vollauf zu thun hatten, um nicht gefangen zu werden, als unsere Mannschaft, auf den fortwährenden Zuruf der Offiziere und Unteroffiziere, wieder Front machte. — Auch die Westfälische Brigade kam jetzt zurück; wie weit sie vorgedrungen, vermag ich nicht anzugeben.

Während wir uns ralliirten und die Ordnung herzustellen suchten, trabten auch die beiden Französischen

Carabinier-Regimenter (III. B. 3.) in der Richtung nach (die Regimenter hinter einander in geöffneter Eskadrons-Colonne), nicht weit von unserm rechten Flügel, an uns vorüber und attakirten sogleich; auch folgten hierauf noch einige Regimenter, die sich aber mehr links gegen die Russische Infanterie (w. w. w.), die wir schon attakirt hatten, wendeten. Die ganze Division Defrance scheint also hier attakirt zu haben, und ich sah nur, dass die letzten Regimenter von einem Quarée ziemlich viel Leute todtstachen. Der General Latour-Maubourg machte uns hierauf aufmerksam, weil er es wahrgenommen hatte, dass unsere Mannschaft nur um sich hieb und nicht nach den Infanteristen stach [66]), die sich auch hier, so wie am Morgen bei Semenofskoy, auf die Erde niederwarfen. — Was die Carabiniers, die noch ein sehr gutes Ansehen hatten und wacker darauf losgingen, ausgerichtet haben, konnten wir nicht sehen; ich bemerkte

---

[66]) Diese Erscheinung war um so auffallender, da die Mannschaft nach dem Reglement stets mit den Hieben auch Stiche machen musste, und das Stechen zur Erde fleissig eingeübt worden war. Man hatte es nämlich, nach der Campagne von 1809, für nothwendig erachtet, die sogenannten »Schwadrons-Hiebe« abzuschaffen, und in dem neuen Reglement waren die Hiebe mit Stichen und Paraden in Verbindung gebracht; da aber die Deutschen stets mehr »zum Dreinschlagen« als zum Stechen geneigt sind, so folgte die Mannschaft nur dieser angebornen Neigung und diese Verbesserung des Reglements brachte nicht die Früchte, auf die man sehr bestimmt gerechnet hatte. — So lange Verbesserungen nicht ganz in Fleisch und Blut übergegangen sind, ist wohl überhaupt im Kriege nicht sonderlich viel davon zu erwarten; — diese Erfahrung machte auch Napoleon, der einen Theil seiner Chasseur-Regimenter eiligst mit Lanzen versah, auf welche aber die Mannschaft so wenig Werth legte, dass sie nur selten davon Gebrauch machte, ja sogar sich derselben entledigte und meist nur den Säbel, die Waffe zu der sie Vertrauen hatte, zur Hand nahm. — Ueber die meisten Verbesserungen dieser Art entscheidet nur der Krieg, und die Theoretiker bringen gewöhnlich »die Macht der Gewohnheit« nicht hoch genug in Anschlag, und sie vergessen ganz, dass »das Vertrauen zur Waffe und zur Fechtart« nur erst im Kriege zur Reife gelangt.

nur, dass sie sich später rechts vor uns (III. B. 3.)
wieder ralliirten, und glaube daher, dass sie von der
Russischen Kavallerie (nach ihrer Attake auf die Infanterie) zurückgetrieben worden sind.

e. Der General-Lieutenant Thielemann hatte in der
Zwischenzeit schon wieder einen grossen Theil des Regiments Garde du Corps herangeholt (der andere Theil
kämpfte noch in der Schanze), und, wie ich glaube,
auch die Polnischen Cuirassiere mitgebracht, schien aber
damit nicht einverstanden, dass das Regiment von
Zastrow so bald allein (auf Antrieb von Latour-
Maubourg) wieder attakirt hatte; denn er sprach
von übereiltem unnützem Attakiren. — Die
Schanze war jetzt von Französischer Infanterie besetzt,
und wir standen nun einen Augenblick, die Ueberreste der Garde du Corps auf dem rechten Flügel, die
Schanze mindestens 150 Schritt links im Rücken habend, aufgestellt (VIII. C. 2.). — Auf Veranlassung von Latour-Maubourg, der sich mit dem
General Thielemann verständigt hatte, ritten
jetzt die Ueberreste der beiden Sächsischen Regimenter zum zweiten Male gegen die Russische Infanterie
an, die in der Zwischenzeit etwas weiter zurückgegangen war, und nun links vor uns (Schachbrettartig
in Zwischenräumen aufgestellt) wieder Halt gemacht
hatte (y. y. y.). Der General-Lieutenant Thielemann
befand sich vor der Mitte oder auf dem rechten Flügel (bei der Garde du Corps), und ich glaube, dass
auch der Rest der Polnischen Cuirassiere sich bereits
dort angeschlossen hatte, als die Brigade antrabte. —
Hier wäre die beliebte Redensart: „Le Général Thielemann à la tète des Cuirassiers Saxons etc." [67]) ganz

---

[67]) Diese Redensart findet sich in vielen Berichten und sie ist ganz
dazu geeignet, irrige Begriffe zu verbreiten, weil es uns noch immer an

am rechten Orte gewesen; denn er befand sich in der That an der Spitze der Gardes du Corps, die trotz all' dem, was sie bereits geleistet hatten, wieder muthvoll ihrem heldenmüthigen Anführer folgten. — Das gewöhnliche Maas der Anforderung an den gemeinen Mann war aber längst überschritten, und wenn ich nochmals die Hingebung der Mannschaft rühme, so geschieht es, weil ihr Betragen noch heute meine Bewunderung erregt. Bevor die Brigade antrabte, sprach der General-Lieutenant Thielemann, soweit ich mich zu erinnern glaube, noch mit dem Major v. Nerhoff über die Art, wie es möglich sein würde, die Quarrées zu sprengen. Der Major v. Schönfeld [68]), einer der tapfersten Män-

---

guten Memoiren mangelt, durch welche man den wahren Hergang von Kavallerie - Gefechten, wenn man die Aussagen mehrer Augenzeugen vergleicht, nur allein zu ermitteln vermag. — Ich habe mich in meiner Erzählung über den Angriff bei Semenofskoy, bereits bestimmt darüber ausgesprochen, dass der General Latour-Maubourg sich zu einem so unzweckmässigen Benehmen nicht hinreissen liess, und halte es für angemessen, hier noch zu bemerken, dass er überhaupt im Laufe des Tages keine Veranlassung hatte, sich an die Spitze zu stellen, da alle seine Untergebenen sofort bereit waren »Kopf und Kragen« daran zu setzen, sobald er die Richtung anzeigte, in der attakirt werden sollte. — Wenn der General-Lieutenant Thielemann dagegen im Laufe des Tages einige Mal mit attakirte und, wie bekannt, auch bei dieser Attake wieder Gebrauch von seinem Säbel machte, den er übrigens mit eben so viel Kraft als Gewandtheit führte, so that er es doch nur, wo es wirklich an der Zeit war und die Noth es erforderte, und er lieferte, nach meinem Dafürhalten, besonders da, wo er sich nicht an die Spitze stellte, die sichersten Beweise, dass er in vielen Schlachten und Gefechten zum Kavallerie-General vollkommen reif geworden, und den jugendlichen Reitermuth, der ihn beseelte, zu beherrschen gelernt hatte. Schon in der Rhein-Campagne erhielt er als Husaren - Offizier den St. Heinrichs - Orden.

[68]) Der Major v. Schönfeld war ein unerbittlich strenger Vorgesetzter, der aber väterlich für seine Untergebenen sorgte, und von denselben in gleichem Maase geliebt und gefürchtet war. Von Karl XII., Friedrich dem Grossen, Seidlitz und Napoleon sprach er stets mit Enthusiasmus, und er konnte sich so wenig mit dem Gedanken vertraut machen, dass Napoleon besiegt werden könne, dass er noch auf dem Rückzuge — den Tag vor der Schlacht bei Krasnoy — zu uns sagte: »Napoleon hat seinen Zweck nicht

ner, die ich in meinem Leben kennen gelernt habe,
war bereits verwundet und triefte von Blut; er begei-
sterte sich aber sogleich wieder für das Unternehmen
und ermahnte seine Leute, „zur Ehre des Regiments",
fest geschlossen ihm nachzufolgen. Das Regiment war
bereits ausserordentlich zusammen geschmolzen. Um die
Mannschaft anzufeuern, ritten wir jetzt, die meisten
Offiziere des Regiments von Zastrow, vor der Fronte
nahe beisammen, und der Rittmeister Graf v. Oertzen
und Lieutenant v. Hacke blieben in dem Quarrée, auf
welches das Regiment v. Zastrow losging. Die Russische Infanterie (wie ich glaube, von der Garde, denn
es waren Grenadiere, die zur Unterstützung herangekommen waren und im 2. Treffen standen) gab ihr
Feuer höchstens auf 20 Schritte ab; ein grosser Theil

„verfehlt; wir werden zwar mit schlecht dressirten Pferden drauf losgehen
„müssen, aber im kommenden Frühjahr siegreich in Petersburg einziehen."
So stand es in der Proclamation, die in Smolensk ausgetheilt wurde, ge-
schrieben. — Er hat leider seine Heimath, Frau und Kind nicht wieder
gesehen, denn sein Körper hatte durch übermässige Anstrengungen bereits
in dem Maasse gelitten, dass er auf dem fernern Rückzuge — und nicht,
wie er's so oft gesucht hatte, auf dem Bett der Ehre — starb. Er war
ein sehr entschlossener Reiter, stets mit der Dressur von Mann und Pferd
eifrigst beschäftigt und konnte leicht von denen verkannt werden, die
noch nicht zur Einsicht gekommen waren, dass eine Eskadron, bei der die
dienstliche Ordnung nicht bis in's kleinste Detail mit der allergrössten
Strenge gehandhabt wird, stets einer schnellen Auflösung entgegen geht.
Ich hatte vielfach Gelegenheit mich von dem dauernden Einfluss, den ein
solcher Vorgesetzter ausübt, zu überzeugen, und finde es angemessen, hier
noch zu bemerken, dass ein Rekrut, den mir der Major v. Schönfeld in
früheren Jahren als vollkommen dienst- und kriegsfähig bezeichnete, nach
glücklich überstandenem Rückzuge, ganz parademässig ajustirt, wieder in
Dresden einrückte, und, soweit ich mich erinnere, trotz der angestrengten
Dienste, die er als Ordonnanz beim General geleistet, nichts von seiner
Ausrüstung eingebüsst hatte. Ich will denen nicht zu nahe treten, die
Helm und Cuirass endlich ablegten und unberitten, oder auf einem Klepper, in Pelz und Lumpen eingehüllt, heimgekehrt sind, bedauere es aber,
den Namen dieses wackern Reiters vergessen zu haben. Er wurde nach-
träglich zum Unteroffizier befördert; vielleicht blühen noch heute seine
Verdienste im Stillen.

unserer Mannschaft ging aber (trotzdem, dass die Offiziere durch die Infanterie durchsprengten und ein Theil
der Mannschaft wacker nachfolgte) wieder rechts und
links am Quarrée vorbei, und das, was umgeritten
wurde, stand bald wieder in ungeordneten, aber doch
geschlossenen Haufen (wie ich später zeigen werde)
beisammen. [69])

Hinter der Infanterie angelangt, kam uns ebenfalls
wieder Russische Kavallerie (x. b.) (Dragoner) s e h r
l a n g s a m entgegen, auf die es nun ohne Ordnung und
Befehl losging. Wie ich vermuthe, hielten uns diese
Russen anfangs, der weissen Collets und der schwar-
zen Cuirasse wegen, für Freunde, und dieser Umstand
verschaffte uns eine Art von Sieg; vielleicht hatte auch
der Angriff von Grouchy's Kavallerie eingewirkt, d e n n
w i r s t i e s s e n, a l s d i e R u s s i s c h e n D r a g o n e r
u m d r e h t e n, g a n z u n e r w a r t e t m i t A b t h e i l u n-
g e n v o n d e n z w e i B a i r i s c h e n C h e v a u x l e g e r s-
R e g i m e n t e r n (III. F. 1.) z u s a m m e n, d i e z u r
D i v i s i o n C h a s t e l g e h ö r t e n. Unsere Ueberra-

---

[69]) Soviel ich mich entsinne, ritt ich mit dem Rittmeister Graf v. Oertzen
und einigen anderen Offizieren; die Mannschaft folgte auf einige Pferde-
längen geschlossen nach.   Als wir ganz nah an die Russische Infanterie
herangekommen waren, wurde Feuer gegeben; die Schüsse sauseten uns wie
Raketen um die Ohren, und ich fühlte einen Ruck auf der Brust, indem
mein Pferd einen gewaltigen Sprung vorwärts machte. — So kam ich zwischen die Russen, hieb wahrscheinlich um mich, und kam endlich im Tumult auf der anderen Seite heraus, ohne dass ich bestimmt anzugeben vermag, was sich um und unter mir Alles zugetragen hat.
Ein Theil der Russischen Infanterie lag, wie ich glaube gesehen zu
haben, auf der Erde oder warf sich nieder; der Schuss auf die Brust war
nicht durchgedrungen, denn ich trug den grossen Reitermantel gewickelt
kreuzweis über die Brust, und die Kugel hatte, nachdem sie 12 bis 15
Mal durch das Tuch gegangen war, ihre Kraft verloren. — Da ich oft
verschickt wurde, so trug ich gewöhnlich k e i n e n s c h u s s f e s t e n schweren Cuirass, erinnere mich überhaupt nicht genau, ob ich einen Cuirass
umgeschnallt hatte; jedenfalls verdanke ich es dem Schutz, den mir der
Mantel gewährte, dass ich für dies Mal wieder so gut davon gekommen bin.

schung war um so grösser, da wir die Division Chastel bis dahin nicht gesehen hatten, und nicht wussten, dass dieselbe auf dem linken Flügel des Vice-Königs mit vorgerükt war; wie dies auch von einem Augenzeugen pag. 433 bis 437 Feldzüge der Sachsen umständlich erzählt ist.

In diesem Wirrwar attakirten uns jetzt noch Russische Cuirassiere (x. c.) (es waren die Regimenter Chevalier-Garde und die reitende Garde, die sich noch in einem vortrefflichen Zustande befanden), und es ging nun, Freund und Feind durcheinander (zum Theil zwischen der feindlichen Infanterie durch) beinah bis auf den Punkt zurück, von wo aus uns Latour-Maubourg abgefertigt hatte. — Wie es bei der Garde du Corps und bei den andern Regimentern hergegangen, und was dieselben ausgerichtet haben, vermag ich natürlich nicht anzugeben; soviel weiss ich aber, dass alle Angriffe, die hier überhaupt von Latour-Maubourg angeordnet wurden, zuletzt an den Russischen Reserven scheiterten. —

Ich kam wenigstens auf dem oben geschilderten Rückzuge (nach der Attake auf ein Grenadier-Bataillon, das im 2. Treffen stand) an einem grossen Haufen Infanterie vorbei, der schon wieder so ziemlich geordnet war und Feuer gab, und daher von den Russischen Cuirassieren, die uns heftig verfolgten, vielleicht noch mehr als von unsern Leuten todt schoss, da das Feuer noch anhielt, als ich schon vorüber war und die Russischen Cuirassiere allmählig wieder umdrehten. [70])

---

[70]) Ein russischer Garde-Cuirassier ritt längere Zeit neben mir her und hatte mir einen kräftigen Hieb versetzt, der aber nicht durch den metallnen Helm durchdrang. — Mit diesem lästigen Begleiter erreichte ich halb betäubt die Ueberreste des Regiments, die wieder Front gemacht hatten, oder im Front machen begriffen waren. Der Russe war durchaus

f. Als die Division Lorge sich hierauf wieder einigermassen formirte (die Westfälische Brigade neben, uns), hatten die Russen ihre Artillerie auf ihrem linken Flügel aufgestellt. Ich suchte nun ein anderes Pferd zu erlangen, denn das Pferd vom Graf v. Seydewitz, das ich ritt, hatte gelegentlich auch einen Schuss durch den Hals bekommen, blutete stark aus dem Maule und war überhaupt so matt, dass ich es nicht mehr aufrichten konnte. Ich habe daher einige Zeit nicht beobachten können, was vor uns vorging. Hinter der Brigade angelangt, sah ich, dass ein sehr langer Zug reitender Artillerie die Anhöhe herauf trabte, und ich bin jetzt der Meinung, dass es die Artillerie des 2. Kavallerie-Corps (von b. b. b. aus) gewesen ist, wenn es nicht reitende Artillerie der Garde war. Die Französischen Garden standen aber noch immer in der Gegend, wo wir sie am Morgen verlassen hatten, und soweit ich mich erinnere, konnte ich auch den Kaiser Napoleon oder seinen zahlreichen Generalstab auf einer weit rückwärts gelegenen Anhöhe in der Nähe der Garden wieder wahrnehmen. — Der General-Lieutenant Thielemann richtete im Lauf des Tages wiederholt seine Blicke nach den Garden, die er als den Barometer in Bezug auf den Gang und Erfolg der Schlacht ansah. —

Ich war so glücklich, sehr bald ein herrenloses brauchbares Pferd aufzufinden [71]); als ich vor die Front

---

nicht mehr Herr seines Pferdes, entging aber doch der Gefangenschaft, da einige Hiebe, die ich ihm zugedacht hatte, nicht durchdrangen und mein Pferd dem seinigen überhaupt nicht schnell genug folgen konnte. — Viele russische Cuirassiere kamen auf diese Art mit uns zurück; ich glaube aber, dass keiner gefangen genommen wurde, denn ihre Pferde waren noch sehr kräftig, und es handelte sich für diese Reiter nur darum, Kehrt zu machen. —

[71]) Es handelte sich überhaupt an diesem Tage nur darum, ein brauchbares Pferd unter den unglücklichen Thieren, die sich umher trieben, zu

zurückkam, hielt die Brigade noch auf demselben Platze, wo ich sie verlassen hatte, und der General-Lieutenant Thielemann redete jetzt mehreren blessirten Offizieren zu, sich verbinden zu lassen. Ich glaube, dass der Rittmeister v. Schlieben, Premierlieutenants Meerheim und Reimann darunter waren; namentlich hielt es schwer, den Major v. Schönfeld (der schon bei Semenofskoy verwundet wurde und jetzt wieder blessirt worden war) zu bereden, dass er zurückritt; denn er sagte endlich zu dem General: „Sie glauben also, dass ich nun, unbeschadet meiner Ehre zurückreiten kann?“ worauf ihm der General Thielemann erwiederte: „Ich glaube es nicht blos; ich befehle Ihnen zurückzureiten.“ Die Division Rozniecky (R. R.), zu der sich Latour-Maubourg begeben hatte, focht noch rechts von uns gegen Russische Kavallerie, die mit abwechselndem Glück bis an die Artillerie [72]) heranprallte. Auch die

---

ermitteln, denn es folgten sogar die schwer blessirten Pferde meist den Regimentern nach, zu denen sie gehörten, und ich habe mehrfach wahrgenommen, dass Pferde noch längere Zeit in Reih und Glied die Bewegungen mitmachten, nachdem ihre Reiter erschossen waren. Wenn man bedenkt, dass die Kavallerie sich im Laufe des Tages auf einem sehr beengten Raume herumgetummelt hat, und von beiden Theilen, aller Wahrscheinlichkeit nach, in Summa 12 bis 15,000 Pferde auf dem Platze blieben oder schwer verletzt ihrem Schicksale preisgegeben wurden, so kann man sich eine Vorstellung machen, wie es auf dem Schlachtfeld in dieser Beziehung aussah und zuging.

[72]) Latour-Maubourg hatte seine Artillerie (von II. n. n.) nachrücken lassen, und sie stand jetzt vor oder rechts neben der Division Rozniecky (R. R.) und feuerte dort (III. n. n.). Wenn ich mich nicht bestimmter über die Leistungen der Division Rozniecky ausgesprochen habe, so geschah es, weil ich nicht gern von Dingen spreche, die mir nur vom Hörensagen bekannt sind; ich kann daher blos eine frühere Bemerkung „dass der General Latour-Maubourg auch hier mit den Leistungen dieser Ulanen-„Regimenter sehr zufrieden war“ wiederholen. Ob diese Division, gleich nachdem sie rechts neben der Rajefsky-Schanze anlangte, auf Infanterie attakirte, muss ich dahin gestellt sein lassen; mir ist nur dunkel erinnerlich, dass ein Russischer General gefangen genommen wurde, den die Ulanen aus einem Quarrée herausgeholt haben sollten, das wiederholt attakirt;

Infanterie des Vice-Königs (II. E. 1.), an welche sich das 2. Kavallerie-Corps (Wathier, III. B. 2. 3.) wieder angeschlossen hatte, musste in dieser Zeit noch ins Gefecht gekommen sein, denn wir hörten ganz links (schon ziemlich weit vor uns) einige Male ein starkes Infanterie-Feuer, das aber gar nicht lange anhielt. [73])

Die Division Lorge rückte von nun an nicht weiter nach, und die feindliche Artillerie fing wieder an, stärker zu feuern; doch strichen die Kugeln meist links an uns vorüber nach der Schanze hin, und nur der Rittmeister Hellmann von den Westfälischen Cuirassieren wurde unter andern noch erschossen. Wie es schien, nahm man jetzt darauf Bedacht, die Division Lorge dem Feuer zu entziehen; Anfangs zog sich dieselbe etwas rechts, und endlich ein kurzes Stück zurück (IX. C. 2.), beinahe hinter den linken Flügel der Di-

wurde. Ich habe aber diese Attaken nicht selbst gesehen, und glaube, dass Latour-Maubourg nur im ersten Moment einige Regimenter von dieser Division verwendete, dagegen darauf ausging, dieselbe als Reserve aufzusparen; daher auch die Attaken, die von dieser Division nachträglich unternommen wurden, dazu gedient haben, die Russische Kavallerie abzuweisen.

[73]) Stellt man über diese Bewegungen des 4. Kavallerie-Corps zwischen 12 und 3 Uhr, also nach der Eroberung von Semenofskoy, Betrachtungen an, so zeigt es sich klar, dass Latour-Maubourg die Artillerie zum längeren Standhalten vorgezogen hatte, und dass die Division Rozniecky zur Deckung derselben, soviel als möglich verdeckt links dahinter aufgestellt war. — Die Cuirassier-Division, welche früher bei Semenofskoy auf dem rechten Flügel gestanden, zog er hinter denselben zurück und schob sie allmählig bis hinter den linken Flügel der Division Rozniecky, dieselbe zuletzt debordirend. — So hatte er, wenn die Russen angriffen, wieder eine starke Reserve gebildet, die jeden Augenblick, die Artillerie rechts lassend, hervorbrechen konnte. Beim spätern (gegen 3 Uhr) Angriff der Rajefsky-Schanze setzte er nun wieder die zunächst stehenden Cuirassiere zuerst in Bewegung, und begann also seinen Angriff vom linken Flügel, während die auf dem rechten Flügel stehenden Ulanen-Brigaden in gewisser Art en Echelon folgten, und da er zwischen den beiden Divisionen ritt, dahin dirigirt werden konnten, wo es die Noth erforderte.

vision Rozniecky, in eine Art von Niederung. Die
feindliche Artillerie konnte indess doch nicht weit von
uns sein, denn mehrere Ladungen matter Kartätschku-
geln trafen noch (als schon der Tag zu Ende ging)
die Sächsischen Regimenter, so dass viele Leute blaue
Beulen davon trugen und auch der Lieutenant Graf v.
Ronnow von der Garde du Corps durch eine Menge
Prellschüsse übel zugerichtet wurde. Auch der Lieutenant von Budberg oder Feilitsch, vom Regiment v.
Zastrow, wurde, so weit ich mich erinnere, auf diese
Art noch beschädigt. — Das Artillerie-Feuer hörte jetzt
allmählig auf, und in dieser Zeit sahen wir am Walde
(Y. Y.) die Russen sich, wie es schien, zum Abmarsch
formiren. Nur einmal hörten wir noch einen Angriff, der mit vielem Geschrei vom Feinde in
ziemlicher Ferne rechts vor uns ausgeführt
wurde und worauf noch einige Bataillons-Salven erfolgten. Der General-Lieutenant Thielemann ritt zu
dieser Zeit, da die Brigade ganz gedeckt stand, und
man nicht recht sehen konnte, was vorging, näher an
die Division Rozniecky heran, von einer Fortsetzung
der Schlacht konnte nicht mehr die Rede sein, denn
die Garden waren, wie gesagt, weit zurückgeblieben,
und das, was hier gefochten hatte, war gänzlich erschöpft. [74])

---

[74]) Die Auflösung und Unordnung bei den Russen mochte, nach einem
so langen, heftigen Kampfe, allerdings sehr gross sein, wir sahen aber in
der Ferne noch immer sehr bedeutende Massen, die sich ordneten, und von
denen ein Jeder, der mitgefochten hatte, eine verzweifelte Gegenwehr voraussetzen musste, da die Infanterie stets auf das heldenmüthigste Stand
gehalten hatte, und die Kavallerie derselben überall muthvoll zu Hülfe gekommen war. — Von einem kräftigen grossartigen Zusammenwirken der Russischen Kavallerie habe ich allerdings im
Laufe des Tages indess nichts wahrgenommen, da es aber leicht
zu übersehen war, dass Napoleon zwischen Semenofskoy und der Kalotscha
drei Kavallerie-Corps aufgetafelt hatte, so war hinreichender Grund vor-

Nachdem die Sächsische Brigade noch einige Zeit
so in Unthätigkeit zugebracht hatte, fing es an, Abend
zu werden. [75]) Es erfolgte jetzt der Befehl, einen
Bivouacqs-Platz aufzusuchen, daher die Brigade, die 12

---

handen, die Russische Kavallerie zeitiger in grösseren Massen gegenüber zu vereinigen, und es frägt sich, ob es nicht anfangs gelungen wäre, das 4. Reserve-Kavallerie-Corps über den Semenofska-Grund
wieder zurückzuwerfen. — Zu einem solchen grossartigen Auftreten fehlte
aber doch wohl der Entschluss von oben herab, und es mag ausserdem dahin gestellt bleiben, ob Kavallerie-Generale vorhanden waren, denen man
ganz freie Hand lassen konnte. — Die Rolle, auf welche man die Russische
Kavallerie indess augenscheinlich angewiesen hatte, war allerdings weit
einfacher, und sie hat auf mehreren Punkten sehr gute Dienste geleistet,
indem sie, hinter der Infanterie aufgestellt, unsere Angriffe auf dieselbe
abwartete, und da, wo es zum Aeussersten gekommen war, nicht länger müssig zusah. — Sie schien aber meist zu nah hinter der Infanterie aufgestellt zu sein und litt daher ausserordentlich während sie noch
en Reserve stand und eigentlich nicht verwendet wurde. — Diese Art der
Aufstellung, in einem Terrain, das so wenig Schutz gewährte, ist durchaus dem Geist der Waffe entgegen, denn es ist stets demoralisirend, wenn
die Kavallerie, ohne die dringendste Noth, lange dem Geschützfeuer blos-
gestellt wird. — Darum richteten auch diejenigen Regimenter, die
sowohl bei Semenofskoy, als auch bei der Rajefsky-Schanze erst a tempo
herangebracht wurden, am meisten aus — (Chevalier-Garde und noch ein
Cuirassier-Regiment).

[75]) Zu dieser Zeit fand sich auch mein alter Diener Bertram wieder
ein, und ich machte den Versuch, meinen Polnischen Fuchs, den ich im
Grossherzogthum Warschau, wegen seiner ausgezeichneten Schönheit für
80 Ducaten gekauft hatte, zu besteigen, wurde aber sofort von dem un-
bändigen Thiere, das heftig bockte, so heruntergeworfen, dass ich nur mit
Mühe das ermüdete Pferd, welches ich los zu werden hoffte, wieder besteigen konnte. Ich hatte auf dem ganzen Kriegszuge bisher keinen Gebrauch
von diesem Thiere gemacht, das ich als Ersatz für ein gut dressirtes Pferd,
welches ich an den Oberst-Lieutenant v. Selmnitz verkaufte, angeschafft
hatte. Es ergab sich am andern Morgen, dass das Thier, das nur das
Futter für die andern Pferde nachgetragen, sehr bedeutend gedrückt war,
und ich musste nun wieder meinen Dienst auf einem Polnischen Klepper
verrichten, den ich nach der Affaire bei Romanow sehr billig an mich gebracht und der sich glücklicher Weise noch bei der Bagage vorfand. Herr
Bertram zeigte übrigens wenig Lust, mir sein Leibpferd abzustehen, mit
dem er erst an der Beresina abhanden gekommen ist, nachdem ihm, wie er
mir versicherte, die Kosaken den schönen Fuchs schon bei einer Fouragi-
rung, in der Gegend von Tarutino, abgejagt hatten. — Somit habe ich
meine vier Reitpferde eingebüsst, und es haben mir nur zwei davon Dienste

Stunden zu Pferde gewesen und mindestens 6 Stunden
ununterbrochen den feindlichen Geschossen blossgestellt
worden war, nun matt und müde gegen Schewardino
zurückging. Auf dem Marsche dahin hörte man im
Dunkeln fortwährend nur den Zuruf der Verwundeten:
„Au nom de Dieu, gare aux blessés! der einen unan-
genehmen Eindruck auf diejenigen machte, die noch
fähig waren, an Andere und nicht bloss an sich selbst
zu denken.

§. 14.

Wenn ich auf den Bericht des Königs von Neapel
vom 9. September, über den Antheil, den die Reserve-
Kavallerie an der Schlacht genommen hat, noch ein
Mal zurückkomme, so geschieht es, weil gerade dieser Bericht zu einer Menge von Unrichtigkeiten in den
späteren Erzählungen Anlass gegeben hat, und wie es
scheint, auch dem Bulletin vom 10. September, dem
der Marquis von Chambray gefolgt ist, zum Grunde
liegt. [76])

---

geleistet, da ich mich nicht dazu entschliessen konnte, meinen Reitknecht,
der meine Pferde stets auf das sorgfältigste pflegte, absteigen zu lassen, so
lange sich noch eine Gelegenheit darbot, um mich nothdürftig beritten zu
machen.

[76]) In meiner Bemerkung (30) zu §. 10. habe ich bereits darauf hin-
gewiesen, wie ganz unrichtig der Marquis von Chambray den Angriff
Latour-Maubourgs auf das Dorf Semenofskoy dargestellt hat. Eben so
unklar spricht sich Chambray pag. 180. über die Wegnahme der Rajefsky-
Schanze (grande Redoute) aus, denn er lässt Caulincourt durch eine Links-
Schwenkung in dieselbe eindringen, und vorher noch eine feindliche
Linie attakiren. — Er sagt wie folgt:

„Eugen gab den Divisionen Broussier, Morand und Gerard den
„Befehl, ihr Feuer einzustellen und den Sturm anzutreten. Caulin-
„court warf zugleich, an der Spitze der Division Wathier (Cuiras-
„siere), die feindliche Linie, die ihm gegenüber war;
„errang dann, links schwenkend, denselben Vortheil über
„die, welche dicht hinter der Schanze stand, und drang, indem er

In diesem Berichte sagt nämlich der König, nachdem er es dargestellt, wie der General Latour-Maubourg die Anhöhe von Semenofskoy eroberte und die Division Friand ihn hierin unterstützte (zwischen 10½ und 11½ Uhr):

„Je fis alors *passer* le Général Caulaincourt à la „tête du 2. Corps de réserve; à peine fut il de „l'autre coté du ravin, que je lui donnai l'ordre, „de charger sur sa gauche tout ce qui se trouvait „d'ennemis et de tâcher d'aborder la grande re- „doute (Rajefsky-Schanze) qui, nous prenant en „flanc, nous faisait beaucoup de mal, *s'il trouvait* „*l'occasion favorable.* Cet ordre fut executé avec „autant de *célérité* que de bravour! [77])

»sich hierauf zurück gegen l e t z t e r e wendete, durch die Kehle ein. »Eugen stürmte sie eben, grade von vorn über die Brustwehr; Al- »les, was sich vertheidigte, wurde niedergemacht. Ein und zwan- »zig Geschütze fielen darin den Franzosen in die Hände. — Wathier »nahm seine Stellung, r e c h t s von Eugen, wieder ein. C a u l i n- »c o u r t w a r i n d e r S c h a n z e s e l b s t t ö d t l i c h g e t r o f f e n »w o r d e n. — Es war drei Uhr etc. etc.«

Hiernach scheint es dem Marquis v. Chambray unbekannt geblieben zu sein, d a s s n u r d i e D i v i s i o n D e f r a n c e, d i e S c h a n z e l i n k s l a s s e n d, v o r r ü c k t e und d a s s d i e D i v i s i o n W a t h i e r d a- g e g e n, d i e s e l b e v o n B o r o d i n o h e r attakirte, während die Sächsische Kavallerie, von Semenofskoy her, in dieselbe eindrang. — Von Latour-Maubourgs thätigem Antheil weiss dieser Schriftsteller nichts zu sagen, denn er fand nichts davon in dem Bulletin und in dem Bericht des Königes von Neapel.

[77]) Der König von Neapel sagt hier ausdrücklich »le General Caulin- court à la tête du 2. Corps de reserve« und bezeichnet ihn also als An- führer dieses Kavallerie-Corps, während Chambray (Blesson pag. 180) ihn nur an der Spitze der Division Wathier (Cuirassiere) attakiren lässt, und, wie es scheint, als Stellvertreter dieses Divisions-Generals, der verwundet worden war, betrachtet. Da bei dem 2. Kavallerie-Corps mehrere Divi- sions-Generale vorhanden waren, so ist es doch sehr zweifelhaft, dass Caulincourt den Corps-Commandanten Montbrün, wie Blesson ausdrück- lich bemerkt, ersetzt haben sollte; auf keinen Fall wurde er aber von Na- poleon, wie öfter behauptet worden ist, zum 2. Reserve-Kavallerie-Corps abgeschickt, und es findet hier eine Verwechselung mit dem bekannten äl-

Diese „occasion favorable" fand sich aber erst
spät, lange nach zwei Uhr, als der Vice-König
endlich wieder zum Angriff vorging und die Schanze
zum zweiten Mal erobert wurde. — Höchst wahrscheinlich erhielt also Caulincourt diesen Befehl erst
zur selben Zeit, als auch der General-Lieutenant Thielemann zum Angriff der Schanze aufgefordert wurde.
Der König von Neapel befand sich aber damals unfern
des Dorfes Semenofskoy, war also ganz entfernt von
Caulincourt, oder vielmehr vom 2. Kavallerie-Corps,
welches den Wiesengrund noch nicht überschritten
hatte. — Es stand, wie ich genau gesehen habe, links
von uns, rechts vom Vice-König, und hatte die Schanze
vor seiner Fronte auf mindestens 1000 Schritte; von
einer Attake „sur la gauche" konnte also a priori gar
nicht die Rede sein; das sind bloss Redensarten ohne
alles Gewicht für den, der die Sache mit offenen Augen gesehen hat und damit bekannt ist, wie die offiziellen Berichte zusammengestoppelt wurden.

teren General-Lieutenant Caulincourt statt, der beim Kaiser angestellt war etc.
Montbrün war, als die Attake begann, schon längst abgefunden und der
General Caulincourt war nur als Brigade-General bei der Division Wathier angestellt, die aus dem 5., 8. und 10. Cuirassier-Regimente und dem
2. Chasseur-Regiment bestand. Der General Pelet nennt die Brigade-Generale Dornez, Beaumont und Richter; in anderen Werken sind nur die
Brigade-Generale Caulincourt und Richter aufgeführt, und Chambray
nennt in seiner Nachweisung auch noch den Grafen St. Alphons, der beim
Beginn der Feindseligkeiten der Division Wathier zugetheilt war. — Ich
habe endlich auf das bestimmteste nachgewiesen, dass das Polnische Ulanen-Regiment in der Schlacht mitwirkte, und somit erscheint es unzweifelhaft, dass die (nach Pelets Nachweisung vom 2. September) detachirte Division Sebastiani wieder beim 2. Kavallerie-Corps eingetroffen war. Schliesslich muss ich bemerken, dass ein Offizier des 2. Chasseur-Regiments mir
unlängst noch bestimmtere Aufklärung über die Verwundung des Generals
Caulincourt gegeben, den er, mit vielen Wunden bedeckt, auf einem ausgebreiteten Woilach liegend, mit dem Tode ringen sah, und zwar nachdem
die Schanze erobert und das besagte Regiment unfern derselben aufgestellt
gewesen ist.

Wenn indess der König von Neapel dem kühnen
Eroberer der Rajefsky-Schanze (grande redoute) noch
die bekannte Lob- und Leichenrede in's Grab nach-
schickt, so finde ich es ganz billig [78]), da ich es selbst
für höchst wahrscheinlich halte, dass Caulincourt g a n z
i n d e r N ä h e, u n d z w a r z u r Z e i t d e r z w e i t e n
E r o b e r u n g d i e s e r S c h a n z e tödtlich v e r w u n -
d e t w u r d e, und es keineswegs in Abrede stellen
will, dass dieser General auf eine heldenmüthige Weise
die Russische Infanterie angriff, welche hinter der
Schanze aufgestellt war. Eben so wenig möchte ich
der Angabe Chambrays widersprechen, dass Caulincourt
„in der Schanze selbst tödtlich getroffen wurde"; denn
es war dazu hinreichende Zeit und Gelegenheit vorhanden, ehe die Infanterie des Vice-Königs anlangte. —
Ich begreife aber doch nicht, wie es dem König ent-
fallen sein konnte, dass Montbrun das 2. Kavallerie-
Corps commandirte und dass dieser beinahe zwei Stun-

---

[78]) Der General Graf Ségur spricht noch poetischer als der König von
Neapel, denn er sagt pag. 408 in seiner Geschichte der grossen Armee wie
folgt: »Murat appelle la cavalerie de Montbrun. Ce General était tué.
Caulaincourt le remplace: il trouve les aides-de-camp du malheureux Montbrun — pleurant leur General: »Suivez moi, leur crie-t-il, ne pleurez
plus, et venez le venger. Le roi lui montre le nouveau flanc de l'ennemi; il faut l'enfoncer jusqu'à la hauteur de la gorge de leur grande batterie; là, pendant que la cavalerie légère poussera son avantage, lui Caulaincourt, *tournera* subitement à gauche avec ses Cuirassiers, pour prendre
à dos cette terrible redoute, dont le front écrase encore le Vice-roi.« Caulaincourt répondit: »Vous m'y verrez tout à l'heure mort ou vif.« Il part
aussitôt et culbute tout ce qui lui résiste, puis tournant subitement a gauche
avec ses Cuirassiers, il pénètre *le premier* dans la redoute sanglante, où
une balle le frappe et l'abat. *Sa conquête fut son tombeau.* — Diese Art
der Darstellung stimmt also ganz mit dem überein, was der Graf Ségur
bei vielen andern Gelegenheiten, in seiner sogenannten »G e s c h i c h t -
l i c h e n D a r s t e l l u n g« der Nachwelt zum Besten gegeben hat. An dieser
Unterredung muss ich aber zweifeln, da der König von Neapel sich mindestens 1500 Schritte von dem kühnen Eroberer entfernt herumtummelte,
und wie ich sicher weiss und sah, hier nicht persönlich mitwirkte.

den früher der Schanze so nahe rückte, dass er dabei
sein Leben einbüsste, und dass überhaupt das 2. Kavallerie-Corps nebst der Division Claparède erst vom
Kaiser Napoleon zum Besten gegeben worden sind, als
es mit der Eroberung dieser Schanze nicht
vorangehen wollte. Ganz unbegreiflich ist es auch,
dass der König in seinem Bericht die Eroberung der
Anhöhe von Semenofskoy (die um 12 Uhr entschieden
ausgeführt war) mit dem zweiten Angriffe auf
die Rajefsky-Schanze in unmittelbare Verbindung bringt, welcher, wie bekannt, erst gegen
3 Uhr Nachmittags ausgeführt wurde, wenn es nicht
in der unlautern Absicht geschah, um es desto leich-
ter verschweigen zu können, dass Latour-Maubourg die allerwichtigsten Dienste dabei
geleistet hat, oder vielleicht in dem von Napoleon
bekannt gemachten Berichte des Königs diejenigen Stellen gestrichen worden sind, aus denen es hervor-
ging, dass während drei Stunden nichts ausgerichtet wurde. Dass Latour-Maubourg sehr
wichtige Dienste zum zweiten Mal an diesem
Tage leistete, geht wohl schon daraus hervor, dass
er als höchster Befehlshaber der Kavallerie allein zugegen war, da, wie bekannt, Caulincourt blieb und der
König von Neapel zich unweit Semenofskoy, also sehr
entfernt, aufhielt. Das Attakiren der Schanze war
übrigens nur das Vorspiel zur Eroberung, die schliesslich von der Ueberwältigung der Russischen Infanterie,
die dahinter zahlreich aufgestellt war, abhing, und es
unterliegt wohl keinem Zweifel, dass Latour-Maubourg
mit seinem Kavallerie-Corps, unterstützt von der Division Defrance (den Carabiniers etc.), dieses schwierige Geschäft verrichtete; ich bin wenigstens im Stande,
auf das Bestimmteste zu versichern, dass rechts von
der Schanze alle Anordnungen von ihm allein ausgin-

gen, und dass eine geraume Zeit darüber hinging, ehe die Infanterie des Vice-Königs anlangte, der Caulincourt vorausgeeilt war. — Die leichte Division (II. B. 1.) des 2. Kavallerie-Corps scheint zur Deckung der Artillerie zurückgeblieben zu sein (siehe Anmerkung 51), ich finde es wenigstens nirgend bestimmt angegeben, dass sie sogleich mit in Bewegung gesetzt wurde, als Caulincourt mit der Division Wathier auf die Schanze losging. — Da aber in der Geschichte des Brandenburgischen Ulanen-Regiments gesagt ist, „dass das Regiment einmal zur Attake vorgeführt wurde gegen Artillerie, die aber nicht lange Stand hielt", so mag diese leichte Kavallerie-Division, zu der das besagte Regiment gehörte, später nachgerückt sein.

Napoleon stand (nach der Erzählung eines Augenzeugen, der uns am andern Morgen die Mittheilung machte) neben Berthier, als letzterer, durch ein Fernrohr sehend, ausrief: „die Schanze ist erobert, die Sächsischen Cuirassiere sind darin!" worauf Napoleon, der sich desselben Fernrohrs bedient haben soll, erwiederte: „Sie irren sich, sie sind ja blau gekleidet: es sind meine Cuirassiere etc." Allerdings drängten sich die Ereignisse auf diesem Punkte rasch auf einander, und eine Verwechselung ist um so eher denkbar, als das Polnische Cuirassier-Regiment wie die Französischen Cuirassiere gekleidet war und eins der Westfälischen Regimenter auch blaue Colletts anhatte. Soviel steht indess fest, dass Napoleon im 18. Bulletin für Caulincourt entschieden hat; jedoch kann ich versichern, dass Latour-Maubourg seinen Verdruss darüber, so anspruchslos er auch übrigens war, nicht gut verbergen konnte, und also überzeugt gewesen ist, dass seinem Kavallerie-Corps zu nahe getreten war, indem Napoleon nur *allein* da, wo von der Erobe-

rung von Semenofskoy die Rede ist, vom 4.
Kavallerie-Corps spricht. Er sagt nämlich in dem erwähnten Bulletin:

> „Le roi de Naples fait charger le 4. Corps de Ca-
> „valerie (Latour-Maubourg) qui pénètre par les
> „brèches que la mitraille de nos canons a faites
> „dans les masses serrées des Russes et les esca-
> „drons de leurs cuirassiers; *ils se débandent de*
> „*tous cotés*",

womit also, für das grössere Publikum wenigstens, die
beiden erfolgreichen Angriffe, die Latour-
Maubourg mit dem 4. Kavallerie-Corps in einem
Zwischenraume von 3 Stunden gemacht hat,
in Summa abgefertigt worden sind. [79])

---

[79]) Der General Latour-Maubourg war übrigens nach dem, was pag.
386 in den Feldzügen der Sachsen 1812—1813 gesagt ist, „ein Mann, der
„hohe Einsicht mit kühnem Heldenmuthe, ein edles Gemüth und einen von
„Selbstsucht und Eigennutz freien Charakter mit einfachen anspruchslosen
„Sitten verband", und ich kann dieser treffenden Charakterschilderung nur
noch hinzufügen, dass auch seine äussere Erscheinung stets einen ange-
nehmen Eindruck auf unsere alten bärtigen Unteroffiziere und Cuirassiere
machte, da er auffallend gut ritt und seine Pferde von einem deutschen
Reitknechte, Namens König, sehr sorgfältig gepflegt wurden. Unsere Mannschaft legte überhaupt einen so hohen Werth auf das Reiten und den Zustand der Pferde, dass sie alle ihre Vorgesetzten, vom Corporal bis zum
General, danach beurtheilte und Diejenigen, die sich in dieser Beziehung
unvortheilhaft bemerkbar machten, „nicht für voll" ansah. Da Latour-
Maubourg unverkennbar in seiner Jugend von einem altfranzösischen Stallmeister zugestutzt worden war, und seine Pferde gut zu versammeln und
anzusprengen verstand, so hatte er sehr bald bei der Mannschaft „einen
besonderen Stein im Brett." Auch die Zuneigung der Offiziere besass er
in hohem Grade, denn er begriff die cameradschaftliche Art und Weise, wie
in den Sächsischen Regimentern die Offiziere jeden Ranges zusammen ver-
kehrten, weil er selbst eine chevalereske Erziehung genossen hatte. Obgleich
von Natur schweigsam, ernst und abgemessen in seinem Benehmen, unterhielt er sich doch mit jüngern Offizieren sehr freundlich und behandelte
namentlich den Lieutenant v. Burkersrode, der bei ihm zur Dienstleistung
commandirt war, wie einen Sohn. Der Chef vom General-Stab, Oberst
Seron, hatte sich eines Tages dazu verleiten lassen, zu äussern, dass Sächsische Kavalleristen im Beisein ihrer Offiziere geplündert; der General

Von diesem „Debandiren" am Morgen bei Semenofskoy habe ich nichts gesehen, und ich glaube
nicht, dass Russische Cuirassiere, zu der Zeit, gegen uns gefochten haben; sie kämpften ja oberhalb
Semenofskoy gegen das 1. Kavallerie-Corps, welches Nansouty befehligte, und die 1. Russische Cuirassier-Division stand damals noch weit zurück, bei der
Reserve, die bei Kniaskowo aufgestellt war. Das ganze
Bulletin ist voll solcher Redensarten, die nur auf die
Pariser Pflastertreter berechnet waren. Der General
Latour-Maubourg brachte vielmehr am Morgen bei Semenofskoy plötzlich zwölf Kavallerie-Regimenter (vier
Brigaden, die schnell nach einander den Semenofska-
Grund und Bach überschritten und en echelon angriffen) zum Einhauen, auf eine Infanterie, die man
kurz vorher nicht mit Kartätschen beschiessen konnte, und wenn auch einige Bataillone den
schnell auf einander folgenden Angriffen unterlagen, so
konnten doch die andern nicht überwältigt werden,
weil ein zweites Treffen dahinter aufgestellt war, und
weil Latour-Maubourg mit der Russischen Reserve-Kavallerie (von Sievers), die zur Unterstützung des ersten Treffens herbeieilte, vollauf zu thun hatte.

Thielemann sah sich veranlasst, wegen dieser ehrenrührigen Aeusserung
Klage zu führen und Satisfaction zu verlangen. Wie der General Latour-
Maubourg die Sache ansah, geht wohl am deutlichsten aus seiner Aeusse-
rung hervor, denn er sagte ganz unverholen:

»Der Oberst Seron begreift den Geist nicht, der diese Offiziercorps
»und Truppe beseelt; es sind lauter Leute von gutem Herkommen,
»die der Ehre wegen dienen, und sich aus Liebe für ihren König todt-
»schiessen lassen; denen das Plündern ein Gräuel ist und die die Ehre
»ihrer Waffen nicht besudeln, wie dies leider so oft von unsern
»schlechten Remplaçants im Beisein von Offizieren, die aus den Hefen
»des Volkes zum Theil hervorgehen, geschieht.« —

§. 15.

a. Aus meiner frühern detaillirten Darstellung des zweiten Angriffs auf die Rajefsky-Schanze geht nach meinem Dafürhalten ebenfalls klar hervor, dass der Vice-König zwischen 2 und 3 Uhr mit seiner Infanterie gegen diese Schanze (an die das Centrum der Russen sich anlehnte und von der die Entscheidung, wenigstens das Ende der Schlacht abhängig geworden war) von der Einmündung des Semenofska-Bachs in die Kalotscha her vorrückte, indem auf seinem linken Flügel die geschwächte Kavallerie-Division Chastel (II. F. 1. 2.) nachfolgte, und auf seinem rechten Flügel ein Theil des 2. Kavallerie-Corps, das heisst die Cuirassier-Division Wathier (III. B. 2.), von Caulincourt geführt, der Infanterie, wie es scheint, vorauseilte. Eben so klar erscheint es mir, dass die Weichsel-Legion (II. N. N.) diesem Angriff bloss als Reserve diente und dass der General Latour-Maubourg, ohgleich ihm die Eroberung der Schanze nicht allein zuzumessen ist, doch sehr wesentlich die Eroberung erleichterte, indem er allmählig die Cuirassier-Division Lorge näher an die Schanze heranschob und im günstigsten Augenblick (als der Vice-König im Sturmschritt vorging) die linke Flanke der besagten Schanze ebenfalls schnell angriff und sofort Alles anwendete, um die Russische Infanterie und Kavallerie, die hinter der Schanze auf dem Plateau stand (auch theilweise erst zur Unterstützung heranrückte) zu vertreiben.

Endlich glaube ich dargethan zu haben, dass nur die Cuirassier-Division Defrance (wobei sich die Carabiniers befanden), die Schanze links lassend, auf dem Plateau mitwirkte, so wie es auch nach dem, was ich berichtet habe, sich ziemlich klar herausstellt, dass die heranrückenden Russischen

Reserven, namentlich auch einige Cuirassier-
Regimenter von der Garde, es dahin brachten,
dass die Russische Infanterie noch bitter und bös davon loskam. Wenn aber in mehreren Berichten gesagt
ist, dass die Russische Kavallerie diese Schanze
wieder erobert habe, so beruht diese Behauptung
auf einer Unkenntniss des Terrains, denn der tiefe
(Goruzker-) Grund, der hinter der Schanze herab-
läuft, war ein Hinderniss, dass kaum Infanterie zu
überwinden vermochte. [80])

b. Da es uns am andern Morgen nicht an Zeit
fehlte, um die Vermissten aufzusuchen, so hatten wir
namentlich Gelegenheit, den Zustand des Schlachtfel-
des auch auf dem Raume, den die Division Lorge be-
treten hatte, kennen zu lernen, und ich kann schliesslich versichern, dass der Weg, den sie zurückgelegt.
und ebenso die Attaken-Linie bis nahe an die Schanze
ganz genau durch eine Menge von Leichen und todt-

---

[80]) Der General v. Clausewitz, der als Augenzeuge die Schlacht von
Borodino beschrieben hat, spricht sich allerdings auch in der Art aus, dass
man auf die Wiedereroberung der Rajefsky-Schanze durch die Russische
Kavallerie schliessen kann, denn er sagt pag. 159:

»Die Kavallerie hatte fast überall die Plätze und die Stellung der
»Infanterie eingenommen und machte ihre Anfälle in einem müden
»Trabe, indem sie sich hin und her trieb und sich wechsels-
»weise Schanzen abjagte.«

Zieht man aber den Standpunkt (Gorki) in Betrachtung, von wo aus der
General von Clausewitz die Sache mit ansah, so begreift man, dass er
sich sehr leicht täuschen konnte und das Hin- und Herwogen der Kavallerie
auf dem Plateau in dieser Art beurtheilte. Die Russische Reserve-Kavallerie
drang allerdings einige Male ziemlich weit vor, allein sie erreichte bei
Weitem noch nicht die Schanze und rallirte sich jedes Mal hinter ihrer
Infanterie. Die Behauptung der Wiedereroberung ist daher, nach dem,
was ich sah, eben so unrichtig, als die Angabe der Russen, dass sie das
Dorf Semenofskoy wieder genommen; die Russischen Berichterstatter sind
überhaupt nicht weit hinter dem zurück geblieben, was ihnen Napoleon in
seinen Bulletins da zuvor gethan hat, wo er es für angemessen erachtete,
die öffentliche Meinung irre zu leiten.

geschossenen Pferden von der Garde du Corps und dem
Regiment v. Zastrow bezeichnet war, und dass es auch
im Innern der Rajefsky-Schanze in Folge des Kampfes,
der dort stattgefunden, nicht an Leichen fehlte, die
einen Jeden überzeugten, dass namentlich das Regiment Garde du Corps hier vorzugsweise gekämpft
hatte. Auch der Premier-Lieutenant und Adjutant vom
Regiment Garde du Corps v. Feilitsch wurde nicht
sehr fern von der Schanze unter den Leichen ermittelt
und ist, soweit ich mich erinnere, mit den Offizieren
vom Regiment v. Zastrow (die unmittelbar vor der
Schanze während der Attake erschossen wurden) be-
erdigt worden.

Der Oberst-Lieutenant v. Selmnitz, dem ich noch
während des Frontmarsches einen Befehl überbrachte,
ritt vor der Mitte des Regiments, und derselbe Schuss
streckte ihn und den Lieutenant v. Watzdorf zu Boden; ich hatte mein Pferd mehr nach dem linken Flügel hin gewendet, um den Befehl, „sich rechts zu halten", dem Major v. Nerhoff mitzutheilen, und ich konnte
das, was sich vor der Fronte zutrug, leicht wahrnehmen, da der Frontmarsch mit den müden Pferden nur
in einem mässigen Tempo ausgeführt werden konnte.

Ich habe weder gesehen, noch gehört, dass eine
grössere Anzahl Russischer Infanterie unmittelbar hinter der Schanze oder bei den Attaken jenseits derselben gefangen gemacht wurde; die Punkte, wo die
Russische Infanterie von der Kavallerie attakirt wurde,
oder wo sie einige Zeit Halt gemacht hatte, waren
aber deutlich zu erkennen, denn die Form der längli-
chen Quarrées bezeichnete eine Menge von Leichnamen
von Freund und Feind, und es war nicht zu verkennen, dass diese Infanterie auf der Ebene hinter der
Rajefsky-Schanze auf eine heldenmüthige Art Stand
gehalten hatte. In einem solchen Viereck fanden wir

auch den Rittmeister Graf v. Oertzen und Seconde-Lieutenant v. Hacke nebst einigen Leuten des Regiments von Zastrow Cuirassier; in andern lagen die Leichen von Sächsischen Garde du Corps, Französischen Carabiniers etc. Soviel ich mich erinnere, rührten die letzten Vierecke, die wir besahen, von den Grenadieren oder Russischen Garden her, die schliesslich zur Unterstützung herangerückt sind; jedenfalls von Regimentern, die Anfangs nicht mit in den Kampf bei der Schanze verwickelt waren. Man konnte die Regimenter leicht unterscheiden; und diese Bataillone mussten vorher mehr nach dem Dorfe Semenofskoy zu en Ligne gestanden haben, denn wir fanden weiterhin auf dem Plateau noch eine Stelle, wo eine Menge von Leichen von denselben Regimentern auf einem ausgedehntern Raume umherlagen.

Die Punkte, wo wir im Laufe des Schlachttages gefochten oder längere Zeit uns aufgehalten hatten, waren überhaupt leicht aufzufinden, doch gelang es uns auf diesem Recognoscirungsritte nicht, den Major von Hoyer zu ermitteln, der schon am Morgen bei der ersten Attake, jenseits des Dorfes Semenofskoy geblieben sein muss. Beim Aufsuchen der Vermissten war selbst die Linie, auf der wir uns bewegt hatten, leicht zu verfolgen, denn es waren fortwährend Menschen und Pferde erschossen worden und die Uniformen und Ausrüstungs-Gegenstände dienten uns als Wegweiser. So fanden wir auch jenseits Semenofskoy noch einen Platz (IV. C. 2. g.), wo ein heftiger Kampf mit einer Abtheilung der Garde du Corps stattgefunden haben musste, die wahrscheinlich abgeschnitten wurde und nach heftiger Gegenwehr unterlag. — Ehe wir am folgenden Tage abmarschirten, fand ich noch Gelegenheit, auch die sogenannten Bagrations-Schanzen zu sehen, wo eine Unzahl von Leichen aufgehäuft war und au-

genscheinlich ein furchtbarer Kampf stattgefunden hatte.
Auch die Französischen Cuirassiere müssen längere Zeit
in der Nähe dieser Schanzen (rechts davon) aufgestellt
gewesen sein, denn der Raum, wo sie dem Geschützfeuer
blossgestellt wurden, war leicht zu erkennen. Alle
Kavallerie-Regimenter, die ich zu sehen bekam, hatten ausserordentlich gelitten, und es fehlte nicht an
lauten Klagen (selbst von sehr erfahrnen Kavallerie-
Generalen) über die Art, wie man die Kavallerie dem
Geschützfeuer ausgesetzt hatte. Von mindestens 48,000
Reitern, die Napoleon gegen Smolensk und Moskau
mitnahm, hatten höchstens 30,000 das Schlachtfeld erreicht, und ich glaube, dass er am Tage nach der
Schlacht nur noch über 15,000 Pferde zu disponiren hatte, die sich grösstentheils in einem überaus
schlechten Zustande befanden, da man vom Beginn des
Feldzuges an sehr wenig Bedacht auf die Erhaltung
der Pferde genommen hatte, und namentlich Mürat
ganz rücksichtslos damit umging. [81]) Nur

---

[81]) In den meisten Berichten ist die Kavallerie, mit welcher Napoleon
in Moskau einrückte, auf 18,000 Pferde berechnet. Die Garde-Kavallerie
mochte, nach dem, was ich auf dem Marsche dahin, während ich mich im
Kaiserlichen Hauptquartiere befand, sah, per Eskadron noch 100 Pferde
zählen, und wenn man annimmt, dass dieselbe 31 Eskadronen stark war,
so bestand die Garde-Kavallerie doch nur aus 3100 Pferden; sie wird aber
stets mit 4000 Pferden in Rechnung gestellt. Die Linien-Kavallerie hatte
ganz ausserordentlich gelitten und es dürfte nicht weit gefehlt sein, wenn
man annimmt, dass die Eskadronen von 140 auf 87 und jetzt bis auf 37
Pferde herunter gekommen waren. Da die Linien-Kavallerie höchstens
324 Eskadronen zählte, so ergiebt es sich, dass nur 12,000 Pferde von
derselben Moskau erreichten. Ich glaube demnach, dass meine Angabe,
dass Napoleon nur mit 15,000 Pferden vor Moskau anlangte, und bis dahin schon 23,000 Pferde geopfert und zu Grunde gerichtet hatte, nicht unrichtig ist. Ich sah wenigstens eine Menge Regimenter, die nicht mehr
100 Pferde zählten und erinnere mich kaum eines gesehen zu haben, das
über 200 Pferde stark war. Das 4. Kavallerie-Corps unter Latour-Maubourg war beim Beginn des Feldzuges, einschliesslich der Artillerie, beinah 8,000 Pferde stark und erreichte nur mit 1800 Pferden Moskau; nimmt

wenige Generale machten hiervon eine rühmliche Ausnahme; die Mehrzahl kümmerte sich aber wenig um
das, was zur Conservation der Pferde nöthig ist und
ging meist von der Ansicht aus, dass es sich nur
darum handle, durch angestrengte Märsche und
eine Hauptschlacht die feindliche Hauptstadt als Sieger zu erreichen. Selbst Latour-
Maubourg war nicht ganz frei von dieser Ansicht und
liess sich zu mancherlei Uebertreibungen hinreissen; doch
ehrte er wenigstens die Sorgfalt, mit der wir auf die
Erhaltung unserer Pferde Bedacht nahmen. Das richtige Maass im Aufsparen und Aufopfern der Kavallerie
ist wohl überhaupt schwer zu treffen; die Untergebenen haben hierin selten ein ganz richtiges Urtheil. Die
Verluste bei der Kavallerie sind allerdings, wegen der
Schwierigkeit des Ersatzes, äusserst empfindlich für
eine Armee, und die Erhaltung der eingeübten Reiter
und Pferde ist unbedingt von der grössten Wichtigkeit;
wer aber das, was er mit grosser Sorgfalt dem Kampfplatze zuführte und sogar noch auf dem Schlachtfelde
(während dem Kampf der Infanterie und Artillerie)
eine gewisse Zeit aufsparte, nicht auch zur rechten
Zeit mit vollen Händen, und sogar mit einer
anscheinenden Art von Verschwendung, zur
Erreichung grosser Zwecke, auf eine gross-
artige und hochherzige Weise auf's Spiel
zu setzen und aufzuopfern versteht, der
verkennt ganz den Werth der Kavallerie,
und dieses Verkennen des Werthes und die kleinliche
Art, mit der man sich mehrfach zum Ausgeben und

---

man sogar an; dass es in der Schlacht bei Borodino 2200 Pferde einbüsste,
so hatte es doch nah an 4000 Pferde durch Anstrengungen und Futterman-
gel verbraucht, ehe es die Hauptstadt erreichte, da nur die Division Rozniecky — vor der Schlacht — einige Gefechte zu bestehen hatte.

Aufopfern entschlossen hat, trug jedenfalls viel dazu bei, dass Napoleon bei vielen Gelegenheiten mit seiner Kavallerie mehr ausrichtete, als die Alliirten mit der ihrigen; obgleich ihre Münzen (die Regimenter) von sehr gutem Schrot und Korn waren und es nicht an sehr unternehmenden Regiments – und Brigade-Commanderen fehlte.

§. 16.

a. In Betreff der Stärke der Sächsischen Kavallerie-Brigade ist nachgewiesen worden, dass sie (nach Abzug der Offiziere und Mannschaften, die im Depot zurückgeblieben waren), als dieselbe im Grossherzogthum Warschau stand, beiläufig stark gewesen sein muss

	Offiziere.	Mann.	Dienstpferde.
1. Das Regiment Garde du Corps	33	628	605
2. „ „ v. Zastrow Cuirassier	33	628	605
3. Reitende Batterie (Hiller)	3	88	158
Train der Artillerie	1	82	
Summa	70	1426	1368
4. Rechnet man hierzu das Polnische Cuirassier-Regiment	18	350	350
So war die Brigade in Summa	88	1776	1718

stark und es ist demnach wohl anzunehmen, dass dieselbe beim Beginn des Feldzuges, nach Abzug der Artillerie, noch 80 Offiziere und 1650 Pferde stark war.

Die Westfälische Brigade bestand aus dem 1. und 2. Cuirassier-Regimente, nebst einer reitenden Batterie, und diese beiden Regimenter allein waren bestimmt ebenfalls zusammen 66 Offiziere und 1200 Pferde stark, da jedes Regiment 8 Compagnien zählte und die Compagnien mit 80 Pferden aus Westfalen abmarschirt waren.

Hiernach überschritt die Division Lorge aller Wahrscheinlichkeit nach mit 146 Offizieren und 2850 Pferden in Reih' und Glied am 18. Juni den Bug bei Kamienczyk.

Am Morgen vor der Schlacht an der Moskwa (Borodino) am 7. September war diese Division indess (in Folge der Anstrengungen, die man ihr zugemuthet und besonders wegen mangelhafter Verpflegung) soweit heruntergekommen [82], dass aller Wahrscheinlichkeit nach von 2850 Dienstpferden

1. Die beiden Sächsischen Regimenter nur	850 Pferde
2. Das Polnische Cuirassier-Regiment nur	180 „
3. Die beiden Westfälischen Regimenter	850 „

also in Summa nur noch 1880 Pferde an der Schlacht Theil nehmen konnten, wonach sich also ein Abgang von 970 Pferden herausstellte. Der grösste Theil dieser Pferde war Anfangs gefallen, weil man genöthigt war, unreifes Korn zu füttern; viele Pferde verschlugen auf den angestrengten Märschen, die zur Verfolgung von Bagration im August meist ohne alle Rücksicht auf die Erhaltung dieser Thiere ausgeführt worden waren, und einige Hundert blieben endlich, nachdem uns Bagration tüchtig an der Nase herumgeführt, in Mohilew zurück, bevor wir den Dnieper überschritten hatten. Die Stärke der Westfälischen Brigade finde ich zwar nicht angegeben; ich erinnere

---

[82] Es gehörte in der That, wie pag. 363 (in den Feldzügen der Sachsen 1812—1813) ausführlicher berichtet ist, die Festigkeit des Sächsischen Anführers und die unermüdete Thätigkeit der Offiziere dazu, um dem unmittelbaren Untergange der Truppen vorzubeugen. Kein Mittel blieb unversucht, um der schnellen Verminderung der Rottenzahl abzuhelfen; daher auch die meisten Trompeter ihre Pferde abgeben mussten und mit requirirten Gestüt-Pferden beritten gemacht wurden, obgleich diese Thiere vorher nie einen Reiter getragen hatten, und daher auf die Trompeter im Gefecht nicht mehr zu rechnen war.

.mich indess genau, dass der Abgang der beiden Regimenter dem unsrigen m i n d e s t e n s gleichkam.

Nur wenige Offiziere waren abcommandirt, und selbst die kranken Offiziere, die am Abend vor der Schlacht mit der Equipage anlangten, bestiegen ihre Pferde, um an der Schlacht Theil zu nehmen, so dass also die Offizier-Corps ziemlich vollzählig waren. Wie oben bereits erwähnt, waren am Morgen vor der Schlacht

Vom Regimente Garde du Corps in Summa   450 Pferde
Vom Regiment von Zastrow Cuirassier .   400   „
Vom Polnischen Cuirassier-Regiment .   .   180   „

in Reih' und Glied. Die Brigade war demnach

Summa Summarum . 1030 Pferde

stark. Da aber am Abend n a c h d e r S c h l a c h t nur noch v o r h a n d e n w a r e n :

1. Vom Regiment Garde du Corps . . .   103 Pferde
2. Vom Regiment v. Zastrow   136   „
3. Vom Polnischen Cuirassier-Regiment .   95   „

Summa .   334 Pferde

und am andern Morgen noch   . . . .   86 Pferde

dadurch hinzukamen, dass man Alles, was an Leuten und Pferden noch dienstfähig war, zusammenstellte, so blieben also von 1030 Pferden nur 420 Pferde übrig [83];

---

[83] Ich habe hier nachgewiesen, wie diese Brigade vom 20. Juni bis zum 6. September hauptsächlich durch angestrengte Märsche und mangelhafte Verpflegung von 1560 Dienstpferden auf 1030 Pferde heruntergekommen ist; den 8. September nach der Schlacht an der Moskwa waren nur noch 420 brauchbare Pferde übrig. Märsche, Entbehrungen und Gefechte verminderten den effectiven Stand in dem Maasse, dass am 5. Oktober nur noch 250 Mann in Reih und Glied gestellt werden konnten. Am 27. Oktober zählte das Regiment Garde du Corps aus denselben Gründen nur noch 24, das Regiment v. Zastrow 38 Pferde in Reih und Glied, und die Gefahren auf dem Rückzuge, Hunger und Kälte brachten es endlich dahin, dass am 15. Januar, als die Ueberreste dieser Regimenter die Sächsische Gränze erreichten, von dem Regiment Garde du Corps nur noch 7 Offiziere und 4 Gemeine, vom Regiment v. Zastrow 13 Offiziere und 3

und der Total-Verlust in der Schlacht betrug hiernach bei der Sächsischen Brigade höchst wahrscheinlich

287 Todte und Vermisste,

323 zum grössten Theil schwer Verwundete, also

in Summa 610 Unteroffiziere, Trompeter und Gemeine, einschliesslich der sehr geringen Anzahl, die in Gefangenschaft gerathen war.

Die reitende Batterie Hiller hatte ebenfalls 12 Mann und 23 Pferde eingebüsst und während der Schlacht 600 Schuss gethan. Da wir sie während des Kampfes nur selten zu sehen bekamen, so kann ich nur ange-

---

Mann übrig waren. Drei Offiziere des erstgenannten und 2 Offiziere des letztgenannten Regiments kehrten späterhin mit einigen 40 Mann aus Russischer Gefangenschaft zurück. Da sich von der Batterie Hiller weder Mann noch Maus aus diesem Schiffbruch gerettet hat, so finde ich mich schliesslich zu der Bemerkung veranlasst, dass diese Artilleristen auf dem Rückzuge mit einer bewunderungswürdigen Ausdauer und übermenschlichen Anstrengung ihre Kanonen bis in die Gegend von Krasnoy nachschleppten. Die Bespannung war schon beim Abmarsch von Smolensk (obgleich der General vielfach Anstalten zur Vermehrung derselben getroffen hatte) soweit vermindert und abgemattet, dass alle Pferde zusammengespannt werden mussten und beinah der ganze Tag darüber hinging, um die Kanonen und Pulverwagen allmählig aus dem Dniepr-Thale herauf zu bringen. Die Artillerie-Offiziere wollten indess nichts zurücklassen und vernichteten erst an den folgenden Marsch-Tagen den letzten Rest der Pulverwagen. Sämmtliche Mannschaft war jetzt zu Fusse und half sehr oft den ermatteten Pferden (die so weit zusammengeschmolzen, dass die Kanonen nur noch mit zwei und drei Pferden bespannt waren). Die Batterie blieb natürlich stets zurück und erreichte nur nach unsäglichen Anstrengungen die Ueberreste der Brigade in der Nacht oder am späten Abend. Ich wurde eines Tages noch zurückgeschickt, um mich nach der Artillerie zu erkundigen, erinnere mich aber nur noch, dass ich die Batterie in dem besagten Zustande auf dem Marsche antraf, und glaube es mit angehört zu haben, als der Hauptmann Hiller an dem folgenden Tage dem General Thielemann die Meldung machte, dass er sich genöthigt gesehen habe, die Rettungsversuche aufzugeben, wobei er besonders hervorhob, dass die Russen die Kanonen so leicht nicht auffinden würden, indem er dieselben nach Möglichkeit zerstört und sodann in eine tiefe mit Schnee angefüllte Grube hinuntergestürzt habe.

ben, dass der Kapitain Hiller sich darüber äusserte, dass die Artillerie des 4. Kavallerie-Corps gegen Geschütze von weit schwererem Kaliber eine sehr schwierige Aufgabe zu lösen gehabt habe, und sodann dem General wegen des schlechten Zustandes, in dem sich die Geschütze befanden, Vorstellungen machte. Endlich ist mir noch erinnerlich, dass die Zündlöcher dermassen ausgebrannt waren, dass die Artillerie-Offiziere den ferneren Gebrauch der Geschütze für bedenklich hielten.

b. Der Verlust an Offizieren bei allen Regimentern der Division Lorge war also sehr gross; doch hatten die beiden Sächsischen Regimenter am meisten gelitten; es ist mir aber nicht gelungen, den Verlust der Westfälischen Brigade genau zu ermitteln, und ich erinnere mich nicht bestimmt, wie es in dieser Beziehung bei den Ulanen-Regimentern aussah. [84])

---

[81]) Da alle Registraturen zuletzt verloren gingen, so fehlt es überhaupt an sichern Materialien, und in der letzten Zeit hörte die Schreiberei bei den Regimentern ganz auf. Am Tage nach der Schlacht an der Moskwa war sie aber noch in vollem Gange, doch diente ein todtgeschossenes Pferd als Schreibtisch und die Ordonnanzen schleppten sogar einige todte Russen herbei, um den Schreibern, die hier nachträglich, aber mit der Feder fochten, einen bequemen Sitz zu bereiten. Der Fürst von Neufchatel ignorirte es sogar noch auf dem Rückzuge, dass die Tinte überall eingefroren war, denn er verlangte Eingaben und Listen von den Offizieren, die der sogenannten heiligen Schaar zugetheilt wurden, und ich war später zugegen, als Thielemann dem General Dombrowsky in Borisow einen Besuch machte und denselben damit beschäftigt fand, ähnlichen Anforderungen Berthiers zu genügen, der von seiner Division, die seit mehreren Tagen heftige Kämpfe bestanden hatte, allerlei Nachweisungen verlangte. Die Ueberreste der Division waren längs der Beresina aufgestellt, und das Haus, in dem sich Dombrowsky aufhielt, lag unfern der zerstörten Brücke, welche von einer kleinen Abtheilung Polen besetzt war. Die gegenüber stehenden Feinde hatten sich zwar vom Ufer entfernt und wenn es auch ziemlich friedlich herging, so wurde doch hier, wahrlich unter erschwerenden Umständen, noch mit der Feder fort gefochten, während der tapfere Dombrowsky das, was sich bereits zugetragen hatte, schilderte, und das, was uns Allen noch bevorstand, prophezeite. Bis dahin hatten wir eigentlich noch

Vom Regiment Garde du Corps sind auf dem Schlachtfelde geblieben;

1) der Major v. Hoyer (als vermisst).
2) der Premier-Lieutenant und Regiments-Adjutant
   v. Feilitsch.
3) der Seconde-Lieutenant B. Biedermann.

    Und es starben nach wenigen Tagen:

4) Premier-Lieutenant v. Kirchbach I.
5) Seconde-Lieutenant v. Polenz.
6) Seconde-Lieutenant Graf v. Hagen.

    Verwundet wurden von diesem Regimente:

1) Oberst und General-Adjutant v. Leyser (gerieth
   in Gefangenschaft).
2) Major v. Löffelholz.
3) Major v. Brandenstein.
4) Rittmeister v. König (und Rittmeister v. Berge,
   nach Herrn v. Burkersrode's Angabe).
5) Rittmeister v. Tietzen und Hennig.
6) Rittmeister v. Böhlau.
7) Rittmeister v. Goldacker.

---

heine ganz vollständige Kenntniss von unserer Kriegslage gehabt; die grosse
Katastrophe, die wir erlebten, näherte sich aber vom 24. November an mit
raschen Schritten und da ich bis zum 29. November das Zusehen an der
Beresina gehabt habe, so kann ich versichern, dass Dombrowsky im Ganzen richtig prophezeite, indem er sagte:

»Das verfluchte Schreiben nimmt hier ein Ende, denn wir werden
»uns durchschlagen müssen, und wären verloren, wenn der Kaiser
»hier nicht selbst commandirte.«

Ich hatte mich wahrscheinlich zum Lachen verleiten lassen, und da mich
Dombrowsky dieserhalb ansah, so entschuldigte mich Thielemann, indem
er sagte:

»Verzeihe ihm, Deine Aeusserungen waren ja Wasser auf seine Mühle,
»denn er hatte von jeher die Tinten-Scheu.«

Worauf Dombrowsky erwiderte:

»Nun, desto besser. Er wird sich also durchschlagen und dann kann er
»den schönen Mädchen in Sachsen einen Gruss von mir ausrichten;
»ich habe mich in meiner Jugend in Dresden sehr gut amüsirt.«

8) Premier-Lieutenant v. Kirchbach II.

9) Seconde-Lieutenant Graf v. Ronnow.

10) Seconde-Lieutenant v. Qualen.

11) Seconde-Lieutenant v. Kuntsch.

(12) Seconde-Lieutenant v. Wiedersheim in Gefangenschaft.)

Ausser diesen wurde noch der Rittmeister Graf v. Seydewitz vom Garde-Cuirassier-Regiment, der als Brigade-Adjutant den Feldzug freiwillig mitmachte, erschossen.

Vom Regiment v. Zastrow Cuirassier sind geblieben:

1) Oberst-Lieutenant v. Selmnitz.

2) Rittmeister Graf v. Oertzen.

3) Seconde-Lieutenant v. Hacke.

4) Seconde-Lieutenant v. Thielau.

5) Seconde-Lieutenant v. Watzdorf.

(6) Seconde-Lieutenant v. Altrok?).

Verwundet wurden:

1) Oberst v. Trützschler.

2) Major v. Schönfeld.

(Major v. Welzien ist ebenfalls als verwundet aufgeführt.)

3) Major Hofmann v. Altenfels,

4) Rittmeister v. Schlieben.

5) Premier-Lieutenant v. Beulwitz (in Gefangenschaft).

6) Premier-Lieutenant Scheffel.

7) Premier-Lieutenant Reimann.

8) Premier-Lieutenant und Regiments-Adjutant Meerheim.

9) Seconde-Lieutenant v. Feilitsch.

10) Seconde-Lieutenant v. Rockenthien.

11) Seconde-Lieutenant v. Kosowsky, und

12) Seconde-Lieutenant v. Altrok, der sehr bald an seinen Wunden starb.

Von dem Polnischen Cuirassier-Regimente blieb auf dem Schlachtfelde:
1) der Major v. Yablonsky.

    Und es wurden verwundet:
1) Lieutenant v. Goiejewsky, Adjutant vom General Thielemann.
2) Lieutenant v. Calopiecky.
3) Lieutenant v. Bienkowsky.
4) Lieutenant v. Oziersbicky.
5) Lieutenant v. Ronjewsky.
6) Lieutenant v. Zelstawsky.

Der Total-Verlust bestand demnach in 13 todten und 29 verwundeten Offizieren, in Summa 42 Offizieren, von denen 2 in Gefangenschaft gerathen waren, und von dem Offizier-Corps der Brigade, das höchstens 80 Offiziere vor der Schlacht zählte, war also mehr als die Hälfte todt oder verwundet; welches bei der Kavallerie sehr selten der Fall ist. [85])

---

[85]) Als am 8. September die Regimenter gegen Mozaisk aufbrachen, blieben, ausser den angegebenen verwundeten Offizieren, von der Sächsisch-Polnischen Cuirassier-Brigade 323 grösstentheils schwer verwundete Unteroffiziere und Reiter zurück. Ich kann nur wiederholen, was pag. 386, Feldzüge der Sachsen, gesagt ist:

„Die Lage dieser Verwundeten war beklagenswerth. In der Nähe des „Kologha-Flüsschens, allmählich auf einen Punkt zusammengebracht, „lagen die Unglücklichen, während zwei schon kalten Nächten, ohne „Obdach, ohne Labung, aller Lazareth-Anstalten entbehrend, auf dem „blossen Erdboden; von dem Aechzen der Sterbenden und Gequälten, „von dem Anblick der Operationen und der Arbeit des Wundmessers „gepeinigt. Arznei und Verbindungsmittel beschränkten sich auf das „Wenige, was die Chirurgen bei sich trugen."

Dem rüstigsten unter den verwundeten Offizieren, Lieutenant Scheffel, übertrug der General-Lieutenant Thielemann das Commando, und zu ihrer Behandlung blieb der Regiments-Chirurgus Hafter (vom Regiment Zastrow-Cuirassiere) zurück; — erst am 9. September wurden sie in einigen Ställen und Scheunen (wahrscheinlich in dem abgebrannten Dorfe Alexinsky) untergebracht, und sechs Tage später nach den Gebäuden des Klosters Mokray verlegt.

Der Major v. Nehrhoff vom Regiment v. Zastrow
und der Rittmeister v. Berge vom Regiment Garde du
Corps verloren (nach offiziellen Berichten), wie bekannt, jeder 4 Pferde unter dem Leibe, und wenn zugleich erzählt wurde, dass der Premier-Lieutenant Reimann vom Regiment v. Zastrow sechs Pferde verloren
hat, so halte ich es doch, so unglaublich es auch
klingt, für möglich, da die meisten Offiziere nicht
ohne den Verlust eines oder mehrerer Pferde davon
gekommen sind.

§. 17.

So oft ich in kriegsgeschichtlichen Werken von besonderen Leistungen eines Truppentheils etwas gelesen
habe, erzeugte sich bei mir der Wunsch, dessen Organisation und Ausrüstung etc. genauer kennen zu lernen, und es scheint mir daher nicht unangemessen,
wenn ich hier am Schlusse noch (um den Leser mit
dem Zustande der Sächsischen Regimenter, die einen
so rühmlichen Antheil an dieser mörderischen Schlacht
nahmen, genauer bekannt zu machen) die Organisa-

„Es bedurfte der wachsamen und einsichtsvollen Thätigkeit des Lieu-
„tenant Scheffel, um die, in der Gegend umher schwärmenden, wü-
„thenden Bauern, bis fast zur Zeit des allgemeinen Rückzuges, vom
„Eindringen in diesen Zufluchtsort abzuhalten.“
Bedenkt man, dass die Französische Armee in der Gegend von Borodino,
wo alle Dörfer abgebrannt, verwüstet und von den Einwohnern verlassen
waren, über 20,000 Verwundete im eigentlichen Sinne des Wortes ohne
alle Verpflegung zurückliess, so kann man sich leicht eine Vorstellung von
der trostlosen Lage dieser Unglücklichen machen. Wenn von Russischer Seite,
wie mehrfach behauptet wird, über 30,000 Mann verwundet wurden, so
mögen vielleicht noch 15,000 Russen in der Umgegend von Borodino und
Mosaisk zurück geblieben sein, und es ergiebt sich eine Summe von 35,000
Verwundeten, die allem erdenklichen Elend hier preisgegeben wurden. Der
Abschied von den schwer verwundeten Cameraden gehört wohl für Jeden
zu den schmerzlichsten Rückerinnerungen aus diesem Feldzuge, da zu jener
Zeit das Gefühl der Theilnahme und des Mitleids noch nicht in dem Maasse,
wie es später bei den Meisten der Fall gewesen ist, abgestumpft war.

tion dieser Regimenter so detaillirt, als ich es jetzt noch vermag, schildere.

a. Die Sächsischen Kavallerie-Regimenter hatten einen sehr starken Friedens-Etat, denn jedes Regiment bestand aus 8 Compagnien, die 90 Mann und 90 eigentliche Dienstpferde stark waren. Dieser Etat war auch vor dem Ausmarsche ziemlich vollzählig, und da die Regimenter zu 4 Eskadronen formirt waren, so war jede Eskadron 180 Pferde stark, wonach ein Regiment also nur selten auf die Zahl von 700 Pferden herunter kam, dagegen meist 720 Pferde zählte.

Der Stab eines Regiments bestand aus einem Oberst als Regiments-Commandeur; einem Oberst-Lieutenant und zwei Majors, welche Eskadronen commandirten, und einem Premier-Lieutenant, der Regiments-Adjutant war; ferner hatte jedes Regiment einen Regiments-Quartiermeister, einen Auditeur und einen Regiments-Arzt. Bei jeder Compagnie war ein Rittmeister, ein Premier-Lieutenant und zwei Seconde-Lieutenants angestellt; doch waren die Offizier-Corps (einschliesslich der Stabsoffiziere 37 Offiziere) selten ganz vollzählig, weil nur junge Leute, die eigenes Vermögen hatten, den Dienstaufwand zu bestreiten vermochten.

Von Offizier-Chargen-Pferden und dienstfreien Burschen war damals, obgleich das Gehalt eines Lieutenants weit geringer war, als jetzt, noch nicht die Rede; die Offiziere mussten daher einen Reitknecht besolden, und es wurde strenge darauf gesehen, dass jeder Offizier mindestens zwei bräuchbare Pferde im Frieden unterhielt und ein drittes, wie ich glaube, mit Beihülfe des Staats, beim Ausmarsche anschaffte. Da bei jeder Compagnie, einschliesslich des Wachtmeisters und des Estandarten-Junkers, 7 Unteroffiziere vorhanden waren, so zählte das Regiment 56 dienstthuende Unteroffiziere, einschliesslich der sogenannten

Estandarten–Junker, die man in der Regel zu den äl-
testen und erfahrensten Unteroffizieren zählen konnte.
Wenn auch im Allgemeinen darauf gesehen wurde, dass
die Unteroffiziere lesen und schreiben konnten, so wurde
doch hierauf kein übermässig grosser Werth gelegt,
und es gab damals noch keine schreibenden, „sondern
bloss reitende Unteroffiziere"; da alle schriftlichen Ar-
beiten beim Regimente vom Stabs-Fourier und bei den
Compagnien von den 8 Quartiermeistern, die im Frieden nicht beritten waren, und nicht zu den Combattanten zählten, angefertigt wurden.

Jedes Regiment hatte 4 Estandarten und einen Pau-
ker; doch wurden die Pauken in der letzten Zeit nicht
mit in's Feld genommen. Von einem Musik-Corps war
nicht die Rede, denn jede Compagnie hatte nur einen
etatsmässigen Trompeter, und es waren daher auch bei
einem Regimente gewöhnlich nicht viel mehr, als 10
bis 12 Trompeter vorhanden, die höchst selten vereinigt wurden, und auf ihren langen Trompeten nur einige Fanfaren zu blasen verstanden. [86]) Da aber in
jener Zeit die jetzt allgemein üblichen Parademärsche
noch nicht an der Tages-Ordnung waren, und bei der
schweren Kavallerie beim Exerciren nur wenig Gebrauch von den Signalen gemacht wurde, so kamen die
Trompeter auch im Allgemeinen weniger in Betrachtung.

Beim Ausmarsche nach Polen blieben von jedem
Regiment einige Offiziere und beiläufig 90 Pferde im
Depot zurück, und es verstand sich von selbst, dass
nur Leute, die schon mehrere Jahre gedient hatten,
mit zu Felde zogen. Remontepferde waren, soweit ich

---

[86]) So verhielt es sich wenigstens bei dem Regiment Zastrow-Cuirassiere. Das Regiment Garde du Corps hatte dagegen, nach den damaligen Anforderungen, vortreffliche Trompeter, die auch am Morgen vor der
Schlacht, als die Brigade en parade vorrückte (soweit ich mit entsinne),
das Reiterlied von Schiller bliesen.

mich erinnere, beim Ausmarsch eigentlich nicht mehr
vorhanden, da die Regimenter nur volljährige Pferde
(5 bis 7 Jahre alt) erhielten, und diese Pferde längst
vollkommen dressirt waren. Es blieben daher auch
nur Pferde zurück, denen man weniger Ausdauer zutraute.

Das Regiment Garde du Corps hatte keine Cuirasse,
trug aber im Gefecht die Mäntel gewickelt und auf der
Brust kreuzweis geschlungen, so dass die Mannschaft
ziemlich geschützt war. Das Regiment v. Zastrow-
Cuirassier hatte dagegen sehr schwere, schussfeste,
schwarze, eiserne Cuirasse, jedoch nur auf der Brust,
und beide Regimenter waren durchgängig mit ziemlich
langen Karabinern, und jeder Mann mit zwei Pistolen
versehen; es machte die Mannschaft aber in der Schlacht
nur Gebrauch vom Pallasch, der nach der Spitze zu
etwas gekrümmt und zweischneidig war.

Die Offiziere der Brigade (mit Ausnahme von 2
Stabs-Offizieren, die bereits das 49. und 52. Lebens-
jahr erreicht hatten) waren ihrer dienstlichen Stellung
nach noch jung und kräftig. Der Anführer, General-
Lieutenant v. Thielemann, war damals 47 Jahr alt; der
Commandeur der Garde du Corps zählte nur 41 Jahre,
und es geht aus der Rangliste hervor, dass mehrere
Rittmeister der Garde du Corps nur erst das 25. Jahr
erreicht hatten; sowie überhaupt diejenigen Offiziere,
welche Eskadronen und Compagnien geführt haben,
zwischen 30 und 42 Jahr alt waren. Mit Ausnahme
der jüngsten Offiziere und einer geringen Anzahl Rekruten (das heisst, Reiter, die nur 2, höchstens 3
Jahr dienten) hatten die Offiziere und Leute sämmtlich
die Campagne 1809 mitgemacht, und ein grosser Theil
hatte auch schon 1806—1807, ja selbst in den Rhein-
Campagnen mitgefochten. Eben so wenig fehlte es bei
der Mannschaft an Kriegs-Erfahrung, denn die Unter-

offiziere hatten wohl sämmtlich mindestens den Feldzug
1809 mitgemacht, und es kam nur selten vor, dass
Leute nach abgelaufener Capitulation den Abschied nach-
suchten, daher es auch nicht an gemeinen Reitern
fehlte, die nicht blos in dem letzten Feldzuge gedient
hatten. Ich habe mehrere Reiter gekannt, die bis zu
25 bis 30 Jahre fortdienten, und die Beförderung zum
Unteroffizier mehrfach ablehnten, weil sie als Gemeine
in hoher Achtung standen, und sich nicht der Gefahr
aussetzen wollten, zu den minder brauchbaren Unteroffizieren gezählt zu werden.

Von einer Desertion habe ich niemals etwas gehört, und die Fälle, wo ein Reiter ein entehrendes
Verbrechen beging, waren höchst selten, denn es war
kein Grund vorhanden, unmoralische Subjecte zu en-
gagiren und es unterlag auch keinen grossen Schwie-
rigkeiten, die Unverbesserlichen los zu werden.
Die Zahl der verheiratheten Unteroffiziere und Soldaten war überaus gering, da man zu jener Zeit noch
von ganz andern Ansichten ausging, und selbst im bür-
gerlichen Verhältniss das Heirathen vielfachen Be-
schränkungen unterlag. Einige Marketenderinnen folgten der Brigade, und leisteten uns sogar noch auf dem
Rückzuge gute Dienste. In mancher Compagnie dienten drei bis vier Brüder, die der Vater, der früher
als Reiter gedient, selbst zum Regimente gebracht
hatte. Dieser freiwillige Dienst bei der Kavallerie war
zu der Zeit in Sachsen eine althergebrachte Sache,
und es gab Compagnien, wo der Wachtmeister eine
förmliche Expectanten-Liste von Knaben führte, die
mit der Zeit, sobald sie das gehörige Maass und Alter
erreicht hatten, angenommen wurden. — Ich war Zeuge,
als ein ziemlich wohlhabender Bauer seinen Sohn beim
Rittmeister ablieferte, und ich wiederhole das, was er
äusserte, um zu beweisen, wie im Allgemeinen das

Landvolk über den Reiterdienst dachte. Er sagte nämlich, indem er seinen Sohn mit militairischem Anstand
beim Rapport vorstellte:

   „Schönen guten Tag, Herr Rittmeister, hier bringe
„ich meinen Zweiten (Sohn), den die Alte (Mut-
„ter) mir verhätschelt; hauen sie ihm das Leder
„voll, wenn er nicht parirt. Der Junge hat Cou-
„rage und ist gut; die Alte hat ihm nur bange
„gemacht; ich hab's ihm aber gesagt, dass nichts
„der Art passirt, wenn er gehörig aufpasst. Kenne
„ja die Herren Offiziere und den Herrn Wacht-
„meister recht gut; — Ordnung muss sein; es ist
„aber so bös nicht gemeint." ·

   Vom Seconde-Lieutenant bis zum Stabs-Offizier aufwärts fand das Avancement bei den Regimentern ganz
in der Tour statt, und es war nichts seltenes, dass
junge Leute von Stande, ohne vorher als Unteroffizier
gedient zu haben, als Offiziere angestellt, wurden. Bei
der Beförderung zum Stabs-Offizier und von da aufwärts hatte man aber in den letzten Jahren die An-
ciennität nicht immer berücksichtigt, und diejenigen,
die man für fähiger hielt, einem höheren Wirkungskreise vorzustehen, wurden mehrfach schnell befördert.
In der ersten Zeit nahmen die Rittmeister, Stabsoffiziere und Obersten, die übergangen worden waren, sofort ihren Abschied; in den späteren Jahren fehlte es
zwar nicht an Unzufriedenen, die über den Einfluss
der Protection etc. klagten, aber dennoch fortdienten,
und ich glaube, dass es vielleicht, trotz der nicht zu
verkennenden Uebelstände, allmählig dahin gekommen
wäre, dass ein Rittmeister hätte fortdienen können,
ohne jemals die Aussicht zu haben, zum Stabsoffizier
befördert zu werden.

   b. Die beiden Sächsischen Regimenter waren, nach
der damaligen Ansicht, vortrefflich beritten, doch wa-

ren es zum grossen Theil Pferde von gewöhnlichem
Schlage, und sie standen insofern den jetzigen Preussischen Cuirassier-Pferden weit nach. Das Regiment
Garde-Cuirassier machte den Feldzug nicht mit, und
das Carabinier-Regiment wurde 1810 aufgelös't, um
das Regiment Garde du Corps bis auf 8 Compagnien zu
vermehren und den übrigen Regimentern gleichzustel-
len. Die vorhandenen vier Dragoner-Regimenter (eins
war 1810 mit Lanzen versehen worden) und das Husaren-Regiment, welches einen weit höheren Etat hatte,
waren dagegen mit sogenannten Polnischen (eigentlich
Moldauischen) Pferden versehen, die von einer Grösse,
Figur und Stärke gewesen sind, wie ich sie in späteren Zeiten nicht wieder gesehen habe; auch wurden
die Dragoner-Pferde zu jener Zeit noch alle englisirt
und abgeschlagen.

Die Pferde der Garde du Corps waren durchschnitt-
lich sehr gross, von schwarzer oder sehr dunkel-
brauner Farbe; zum Theil Sächsische Gestüt-Pferde,
meist aber sogenannte Holsteiner. Die Regimenter Garde-Cuirassier und v. Zastrow-Cuirassier
hatten dagegen weit kleinere, aber ziemlich stämmige
Pferde, die im Lande aufgekauft, oder von Pferdehänd-
lern, als Mecklenburger, geliefert waren; auch
glaubte man damals noch, dass ein Cuirassier nicht
füglich auf einem Fuchs, Schimmel oder einem Schecken
würde reiten können, obgleich die Offiziere Pferde von
allen Farben ritten, überhaupt viel Geld auf ihre Pferde
verwendeten, sehr gut beritten waren, und sich, mit
seltenen Ausnahmen, mit der Dressur ihrer Pferde sehr
eifrig beschäftigten.

Die Remonten wurden den älteren Leuten zugetheilt und sehr sorgfältig an der Longe dressirt. Von
bedeckten Reitbahnen war indess bei den Linien-Regimentern nicht die Rede; auch hatten die Regimenter

keine Stallmeister, und nur erst vor wenigen Jahren
hatte man es für nothwendig erachtet, im Anhang zum
Exercir-Reglement, über die Bahnreiterei eine kurz-
gefasste, allgemein gültige Vorschrift zu ertheilen. —
Nach der Ansicht der ältern Kavallerie-Offiziere hielt
man für die Cuirassiere den Galopp l i n k s für überflüssig, und das häufige Changiren im Galopp sogar für
nachtheilig beim Exerciren; dagegen wurde das sogenannte „kurz und lang Changiren" sehr fleissig geübt,
auch ein besonderer Werth darauf gelegt, dass die
Pferde aus allen Gangarten sich plötzlich pariren liessen und die Kehrtwendung machten, ohne den Boden
mit den Vorderfüssen zu berühren.

So lange ein Pferd dienstbrauchbar war, und der
Reiter dasselbe gut verpflegte, wurde es ihm nicht ohne
Noth abgenommen; er betrachtete es überhaupt als sein
Eigenthum und pflegte es, mit seltener Ausnahme, äus-
serst sorgfältig. Die Drohung des Rittmeisters, einem
Reiter ein gut abgerichtetes Pferd abzunehmen, reichte
hin, um ihn zur allersorgfältigsten Pflege anzuspornen,
die nicht selten so weit ging, dass ein Cuirassier das
Brod mit seinem Pferde theilte.

Die Mannschaft lag bei den Bürgern im Quartier
und jeder Mann hatte sein Pferd bei sich. Von den
ältern Leuten besassen die Meisten ihre Montirungs-
stücke doppelt und dreifach, und die „w o h l v e r d i e n-
t e n R e i t e r - S t i e f e l" waren zahlreich in der Kam-
mer aufgestellt; sie vertraten in gewisser Art die
Stelle der jetzigen Dienstauszeichnungen.

c. Die Sättel waren den jetzigen Cuirassier-Sät-
teln ähnlich, und die Packerei von der jetzigen der
schweren Kavallerie nur insofern ganz abweichend, als
unter dem Mantelsack noch ein Häckselsack lag, der
als Tragkissen diente. Die Woilachs waren (aller-

dings sehr unzweckmässig) mit Leinwand gefüttert und der Sattel mit einem Schaffelle bedeckt.

Der Mangel an Handwerkern in den Regimentern war in diesem Feldzuge sehr fühlbar; auch fehlte es namentlich an Sattlern bei den Compagnien, weshalb es oft schwer fiel, den Uebelständen an den Sattelkissen abzuhelfen, und Pferde, trotz der grössten Sorgfalt, auf den weiten Märschen gedrückt wurden. Die Zahl der gedrückten Pferde war aber dennoch, im Vergleich zu den Französischen Regimentern, ganz unbedeutend, und die meisten Pferde blieben stehen oder crepirten, weil man genöthigt war, sie mit unreifem Korn zu füttern. Die Sächsische Kavallerie hatte keine Feldschmieden, und die Vorkehrungen zum Unterhalt des Beschlages waren äusserst mangelhaft.

d. Die Sächsischen Cuirassier-Regimenter exercirten nicht in Zügen; es wurde vielmehr mit ganzen oder halben Eskadronen abgeschwenkt und diese Schwenkungen stets im stärksten Galopp ausgeführt. Auch die Aufmärsche und Regiments-Schwenkungen geschahen immer in einem sehr starken Galopp, vermittelst ⅛ Schwenkungen vor dem Aufmarsche und einer ⅛ Schwenkung beim Einrücken in die Linie. Selbst wenn mehrere Regimenter zusammen exercirten, so wurde doch im stärksten Galopp rechts oder links aufmarschirt, und man legte überhaupt einen grossen Werth auf schnelles Reiten, scharfe Richtung und plötzliches Anreiten und Pariren etc. Alle Seitenbewegungen wurden zu Dreien ausgeführt; ebenso fand die Kehrtwendung zu Dreien statt, und das mittelste Pferd machte den Pivot. Da, wie gesagt, nicht in Zügen exercirt wurde, so entbehrten die Cuirassier-Regimenter die Vortheile, die aus der Eintheilung in Zügen da hervorgehen, wo eine schnelle Herstellung der Ordnung nothwendig ist, und wo es am Ende nicht darauf ankömmt, ob einige Mann

mehr oder weniger in einem Zuge, der ab-, ein- oder
kehrtschwenken soll, vorhanden sind. Das Ausfallen
der 4. Züge kannte man daher nicht, und statt dessen
wurde die eine oder andere Eskadron zum Nachhauen
commandirt, wobei alsdann wild drauf los geritten
wurde.

Die Unteroffiziere waren in die Nummern mit eingetheilt; der Eskadrons-Commandant ritt vor der Mitte
der Eskadron, der Rittmeister hart vor dem rechten
oder resp. linken Flügel ihrer Compagnien (halben Eskadronen). Der jüngste Offizier ritt unmittelbar vor der
Estandarte, die übrigen Offiziere am ersten Gliede auf
den Flügeln der Compagnien, neben den Flügel-Unter-
offizieren, so dass beim Exerciren und im Gefechte
Niemand hin und her zog. Nur die Premier-Lieutenants und Wachtmeister schlossen hinter den Compagnien
und wirkten kräftig dahin, dass die Eskadronen fest-
geschlossen ritten, wozu die steifen Stiefeln und gelegentlich auch die Klinge des Premier-Lieutenants und
der Stock des Wachtmeisters das Ihrige beitrugen. —
Ohne steife Stiefeln sind nach meinem Dafürhalten so geschlossene Attaken, schnelle
Schwenkungen und Aufmärsche, wie sie damals verlangt wurden, nicht auszuführen.—
Die Bewegungen wurden alle nach einem Avertisse-
ments- und hierauf folgenden Exekutiv-Commando ausgeführt, und es wurde eigentlich nicht nach dem Sig-
nal der Trompete, wie es jetzt üblich ist, manöverirt,
eingeschwenkt und Front gemacht. Von allen com-
plicirten Bewegungen, die das Reglement
enthielt, wurde in der Schlacht an der Moskwa
nicht eine einzige in Anwendung gebracht [87]);

---

[87]) Wer das was er im Kriege sah mit dem vergleicht, was im Frieden ersonnen und fleissig geübt wird, der ist gewiss mit mir darin einver-

die Regimenter brachen blos nach der Beschaffenheit des Terrains ab, und marschirten wieder auf oder bewegten sich mittelst der Wendung zu Dreien seitwärts oder rückwärts, und da fortwährend Leute todtgeschossen wurden, so diente das Abzählen zu Dreien, wie früher erwähnt, der Mannschaft zum Zeitvertreib.

e. Zur Ehre der Mannschaft kann ich versichern, dass bei Borodino die Unteroffiziere und Reiter, deren Pferde erschossen waren, sich schnell nach andern Pferden umsahen und sich wieder bei den Compagnien einfanden. An Pferden, die ohne Reiter herumliefen, fehlte es überhaupt nicht, und es war die Mannschaft von einem solchen Geiste beseelt, dass sehr viele Unteroffiziere und Gemeine namhaft gemacht werden konn-

---

standen, dass überhaupt sehr Vieles von dem, was in den Reglements enthalten ist, im Kriege niemals zur Anwendung kömmt. Das Einfachste führt im Kriege immer am sichersten zum Ziele, und die Gewohnheit macht den Meister. — Für diejenigen, die sich einbilden, man könne Kavallerie-Brigaden und Kavallerie-Divisionen etc. während einer Schlacht so wie auf dem Exercirplatze commandiren, mag hier bemerkt werden, dass die Französischen Generale sich um die Reglements der Bundes-Regimenter, die ihrem Commando anvertraut wurden, nicht bekümmerten, und also von der Ansicht ausgingen, dass es auf eine Handvoll Noten, mehr oder weniger, gar nicht ankömmt, wenn nur die Regimenter in sich gut ausgebildet sind. — Viele Signale erscheinen mir als ein sehr bedenkliches, gelegentlich sogar gefährliches Hülfsmittel, um eine grössere Masse von Kavallerie zu lenken. Bei der Infanterie, wo sich eher Zeit findet, einen Irrthum zu redressiren, mögen einige Signale mehr anwendbar sein, doch soll man die Zahl möglichst beschränken. Im Gegensatz halte ich einige Avertissements-Commando's für nothwendig, die allerdings bei Friedens-Manövern als zeitraubend und überflüssig erscheinen, aber im Kriege nicht ganz zu entbehren sind, und daher von den meisten Armeen beibehalten werden.

Die Kosaken hatten keine Trompeter, und ich sah oft, wie der Oberst seine detachirten Abtheilungen und weithin ausgebreiteten Flanqueurs durch Zeichen und durch Winken mit der Mütze etc. vortrefflich lenkte. — Die leichte Kavallerie kann füglich bei den Kosaken in die Lehre gehen, bei denen sich alle Detachements stets nach den Bewegungen des Haupttrupps richten. Vieles Instruiren und Commandiren, das im Voraus bestimmen, was zu thun und zu lassen ist, Ordres, Contre-Ordres etc. etc. führen zur Desordre, da im Kriege meist Alles sich anders gestaltet, als man es voraussah.

ten, die im Laufe des Tages, nachdem ihre Pferde
blessirt oder todtgeschossen waren, sich mehrere Male
wieder einstellten, um an dem Kampfe Theil zu nehmen.

Die im Grossherzogthum Warschau erst errichteten
Sappeur – Abtheilungen (1 Unteroffizier, 8 Mann per
Regiment) leisteten der Brigade in Russland vorzüg-
lich gute Dienste, indem sie die Wege und Brücken
reparirten, sodann am Tage der Schlacht zur Deckung
der Estandarten verwendet worden waren, ein Geschäft,
dem sie mit Heldenmuth vorstanden, da keine von den
8 Estandarten im Tumult verloren ging. Auch in den
Gefechten, an denen die Brigade, nach der Eroberung
von Moskau, ferner einen rühmlichen Antheil nahm,
ging keine Estandarte verloren. Als die Mannschaft
nicht mehr zur Bewachung ausreichte, und die früheren Maassregeln (vide pag. 400, Feldzug der Sachsen)
zu ihrer Erhaltung ganz unzulänglich erschienen, wurde
der untere Theil der Estandarten den Flammen über-
geben, und die Fahnen in zwei Mantelsäcke verpackt,
die dem General-Lieutenant Thielemann gewöhnlich in
der Nacht als Kopfkissen dienten. — Bei einem plötz-
lichen Aufbruch vor Tagesanbruch, ich glaube in der
Gegend von Orsza, fand eine Verwechselung dieser
Mantelsäcke bei der Abholung statt; und die Schuld
des Verlustes von dem einen Mantelsack, in welchem
die Estandarten des Regiments Garde du Corps verpackt waren, fiel auf einen unglücklichen Unteroffizier
(wie ich glaube vom Regiment Zastrow), der nach
einem kurzen Procedere auf freiem Feld cassirt und
fortgejagt wurde. Die Estandarten des Regiments Zastrow-Cuirassier gingen auf dem beschwerlichen Rückzuge nicht verloren, und ihre Rettung dient wohl zum
deutlichsten Beweis, dass eine strenge Handhabung der
Militair-Gesetze gelegentlich die grösste Noth und Gefahr zu überwiegen vermögen.

Nachdem ich es mir vorgenommen habe, das, was wir bekannt ist, ohne Partheilichkeit niederzuschreiben, so muss ich bemerken, dass der Commandeur der Garde du Corps, der ein sehr wohlhabender Mann war, weder Worte noch Geld gespart hatte, um der Mannschaft seines Regiments eine sehr hohe Meinung von ihrem Range als Garde du Corps beizubringen, welches natürlich von Andern oft missfällig bemerkt wurde; die Mannschaft rechtfertigte aber bei allen Gelegenheiten ihren Anführer durch Beweise von ausserordentlichem Muthe und wahrem Ehrgefühl, und ich bin der Meinung, dass man mit einem solchen Regiment Alles unternehmen und ausführen konnte, was jemals mit Kavallerie unternommen worden ist.

f. Die Mannschaft der beiden Regimenter bestand im Allgemeinen aus lauter auserlesenen Leuten, denn die Rittmeister engagirten, wie gesagt, die Rekruten selbst und nahmen nur solche an, die sich ganz für die Waffe eigneten; auch fehlte es überhaupt nicht an Freiwilligen bei der Kavallerie, obgleich keine Ausländer angeworben werden durften, und die Capitulation, soweit ich mich erinnere, 12 Jahre dauerte. Das Regiment Garde du Corps bestand zum Theil aus Leuten, die wegen ihrer Grösse und ihres militairischen Aeussern an dieselbe von andern Regimentern abgegeben worden waren. Die Disciplin wurde nach alter Art ohne langes Federlesen zwar strenge gehandhabt, doch kam es höchst selten vor, dass ältere Soldaten körperlich gezüchtigt wurden, und die älteren Offiziere duldeten es nicht, dass ein junger unerfahrener Offizier einen Missbrauch von seiner Strafgewalt machte. In sehr dringenden Fällen war es allerdings jedem Offizier erlaubt, von seiner Klinge Gebrauch zu machen, doch war das Recht, eine körperliche Züchtigung zu verhängen, nur den älteren Offizieren, vom Compagnie-

Chef aufwärts, eingeräumt, und diese brachten eine
solche Bestrafung nur dann zur Anwendung, wenn
wiederholte Ermahnungen und Arrest nicht fruchteten.
Dahin kam es indess sehr selten; die Furcht vor der
Strafe reichte bei dem grössten Theil der Mannschaft
vollkommen aus, und ich habe viele Reiter gekannt,
die während einer sehr langen Dienstzeit sogar nicht
ein Mal mit Arrest bestraft wurden. In der Französischen Armee war allerdings jede körperliche Züchtigung streng verpönt; die Vorgesetzten liessen sich aber
doch zu handgreiflichen Misshandlungen und Beschimp-
fungen hinreissen, die bei der Sächsischen Kavallerie
nie vorkamen. Eine ehrenvolle Behandlung der Untergebenen stand also nicht blos auf dem Papier geschrie-
ben, sie war eine natürliche Folge des ritterlichen
Geistes, der die Offizier-Corps beseelte, und der sich,
bei einer längeren Dienstzeit, unfehlbar auf die Mannschaft überträgt. Von einer eigentlichen Misshandlung
eines Untergebenen konnte demnach, abgesehen von
den Gesetzen, nicht die Rede sein, weil dieses dem
militairischen Geist zuwider war, der in den Regimentern herrschte, bei denen früher der Stock und jetzt
immer noch die Klinge als das wirksamste Mittel zur
Erhaltung der Disciplin und des unbedingten Gehorsams
angesehen wurde. Dass gelegentlich ein Reiter, der beim
Exerciren auffallend nachlässig war und zu groben Un-
ordnungen wiederholt bei den Aufmärschen Anlass gab,
oder sich bei den Attaken öfter herausdrängen liess,
sofort mit einigen Jagdhieben (mit dem Säbel) bestraft
wurde, fand damals, trotz aller Verbote, noch Jeder-
mann ganz in der Ordnung. Die Mannschaft hatte indess doch eine grosse Anhänglichkeit an ihre Offiziere
und hielt im Glück und Unglück überall treu und gehorsam bei denselben aus, so dass mir selbst auf dem
Rückzuge aus Russland kein Fall bekannt ist, wo ein

Unteroffizier oder ein Gemeiner den Gehorsam verweigert oder die schuldige Achtung gegen die Offiziere
des Regiments im Geringsten ausser Acht gelassen
hätte; vielmehr sind mir eine Menge von Beispielen
erinnerlich, wo Unteroffiziere und Reiter sich auf eine
Art und Weise für ihre Vorgesetzten aufopferten, die
noch heute im höchsten Grade meine Bewunderung
erregen. [88])

[88]) Während des Rückzuges kam es im Gegensatz sehr bald bei vielen
Französischen und Italienischen Regimentern dahin, dass die Mannschaft
nur noch den Offizieren die schuldige Achtung erwies und gehorchte, die
noch Körperkraft genug besassen, um den Gehorsam allenfalls mit dem
Degen in der Faust sofort zu erzwingen, und es hörten von der Mehrzahl
der Untergebenen allmählig beinah alle anderen Rücksichten besonders gegen jüngere hinfällig gewordene Vorgesetzte in dem Maasse auf, dass ihnen jede Dienstleistung und selbst nicht selten der Platz am Wachtfeuer
verweigert wurde. Ich habe es sogar erlebt, dass Untergebene, insonder-
heit bei der Infanterie, ihre Offiziere mit Vorwürfen der gemeinsten Art
überhäuften und ihnen ihre niedere Herkunft, die Art, wie sie sich em-
porgeschwungen und da und dort bereichert hatten, vorwarfen. Fortdau-
ernde Entbehrungen, Hunger und Kälte hatten allerdings in dem Maasse
auf diese Menschen eingewirkt, dass sie zum Theil als Unzurechnungsfä-
hige zu betrachten waren. Von einer allgemeinen Achtung und Rücksicht
gegen den Offiziers-Rang und Stand konnte aber überhaupt in der Französischen Armee nicht die Rede sein, denn es gab eine Menge von hochge-
stellten Vorgesetzten, die in Gegenwart der Gemeinen und Unteroffiziere
alle Rücksichten, die in andern Armeen hergebracht sind, besonders gegen
die Subaltern-Offiziere, ausser Augen setzten und sich sogar zu entehren-
den Schimpfreden und Demonstrationen hinreissen liessen, ohne stets
darauf Bedacht zu nehmen, entweder die Ehre des schwer
Beleidigten herzustellen oder für dessen Entfernung
aus dem Offizierstande Sorge zu tragen. Hieraus erklärt sich
auch der Mangel an Achtung gegen Offiziere von andern Regimentern und
Truppentheilen, und es lag in der Natur der Sache, dass die Unteroffiziere
und Gemeinen selbst den Offizieren des Regiments nur so lange einen Vor-
rang einräumten, als dieselben ihnen noch zu imponiren vermochten. Bei
der Französischen und Italienischen Infanterie traten diese Uebelstände am
grellsten hervor; bei den Französischen Garden, der Französischen Kavallerie und Artillerie, habe ich dieselben gar nicht oder wenigstens
nicht in dem Maasse wahrgenommen, und bei allen Deutschen und
Polnischen Truppentheilen fiel es auf, dass die Mannschaft nicht bloss weit
williger den Offizieren gehorchte, sondern auch die Dienstleistungen, Pflege

g. Die Regimenter waren sehr gut gekleidet; der Anzug, weit und bequem, bestand aus einem mit Borden verzierten weissen und resp. paille-gelben Kollet, und einem ähnlichen Chemisette mit Aermeln, das im Sommer zum gewöhnlichen Dienst und im Winter unter

der Offizierpferde etc. in hergebrachter Art, nach allen Kräften, trotz aller Entbehrungen fortzusetzen bemüht war. Unsere Soldaten verliessen keinen Offizier; der auf dem Rückzug krank und hinfällig ihres Beistandes bedurfte; sie theilten, trotz Hunger und Kälte, Alles freiwillig mit ihren Vorgesetzten; ich sah Cuirassiere und Garde du Corps, die ihre Pferde vorgespannt hatten, und Tage lang ihre Offiziere auf einem Fuhrwerk oder Schlitten fortschleppten und da, wo die Kräfte der abgetriebenen Pferde nicht mehr ausreichten, sich sogar selbst vorspannten, um ihre Offiziere zu retten. Als die sogenannte »Heilige Schaar« errichtet wurde, fand ich genugsam Gelegenheit, mich von dem Unterschiede in der Gesinnung der Untergebenen gegen ihre Vorgesetzten zu überzeugen, denn es wurden alle Deutschen und Polnischen Offiziere, die mit uns vereinigt waren, von ihren Untergebenen stets auf das bereitwilligste unterstützt, während besonders die Subaltern-Offiziere der Franz. Kavallerie verlassen von ihrer Mannschaft neben uns herzogen, und selbst die Generale und Stabsoffiziere schon damals sehr oft mit dem Unwillen ihrer Untergebenen so zu kämpfen hatten, dass dadurch die allerwiderwärtigsten Scenen herbeigeführt wurden. Als auch diese eigenthümliche Truppe sich, nach dem Uebergang über die Beresina, auflöste und von einem Dienstverhältniss, im eigentlichen Sinne des Worts, nicht mehr die Rede sein konnte, weil Kälte und Hunger am Ende alles überwiegen, so hielt doch unsere Mannschaft treulich bei uns aus. Jeden Abend sammelten sich die traurigen Ueberreste der Sächsischen Kavallerie-Regimenter, Garde du Corps, Zastrow Cuirassier, Prinz Clemens und Prinz Johann Chevauxlegers; der General Thielemann gab am Morgen das Zeichen zum Aufbruch und es schlossen sich mehrere Französische Generale und Stabs-Offiziere an uns an, weil sie sahen, dass alle Untergebene willig gehorchten, und die kleine Schaar von einem kräftigen, entschlossenen Manne beherrscht wurde. So hatte sich auch unter andern der General Narbonne, ein Adjutant des Kaisers, angeschlossen und wurde noch, als er uns verliess, mit einem Ordonnanz-Unteroffizier versehen, der gewiss seinen Dienst mit demselben Eifer verrichtet hat, als ob ihm in glücklichen Tagen diese Ehre widerfahren. Der General Bordesoult, ein wackerer, tapferer Mann, der längere Zeit Glück und Unglück mit uns theilte, sagte eines Tages zu mir:

»Bei einer Truppe, die sich im Unglück so bewährt, ist es eine Freude »Offizier zu sein; unsere Armee hat der unheilvolle Krieg in Spanien »demoralisirt, und das schlechte Beispiel von Oben herab trägt jetzt »seine Früchte.«

dem Kollet getragen wurde. Ausser den weissen Leder-Beinkleidern hatte die Mannschaft noch graue Ueberhosen von Tuch, trug steife Stiefeln, und der weite Reitermantel von weissem Tuch schützte den Mann vortrefflich gegen Kälte und Regen.

Das Regiment v. Zastrow-Cuirassier war das letzte, welches während des Feldzuges 1809 zum grossen Verdruss der alten Unteroffiziere die langen Haarzöpfe abschnitt [89]); der dreieckige Hut hatte 1810 einem Helm Platz gemacht, dessen oberer Theil von Metall war, und der dem Mann ein ritterliches Ansehen gab, aber nicht vor einem Hieb im Nacken Schutz gewährte.

---

[89]) Die ältere Mannschaft hatte eine grosse Abneigung gegen alle solche Neuerungen, und betrachtete besonders den Haarzopf als eine der schönsten und nützlichsten Zierden. Da das Regiment schon in der Rhein-Campagne, auch vor wenigen Jahren noch gegen die Franzosen gefochten hatte, und in Folge einer Convention 1806 an der Elbe seine Pferde an die Französische Kavallerie abgeben musste, so herrschte bei den alten Unteroffizieren und Reitern ein tief eingewurzelter Widerwille gegen Alles, was man, nach ihrer Ansicht, den Franzosen nachahmte. Ja ich möchte behaupten, dass 1812 noch aus denselben Gründen in diesem Regiment eine auffallend grössere Abneigung gegen die Franzosen vorherrschend war. Das Abschneiden der Haarzöpfe auf dem Bivouac bei Waldheim führte 1809 zu vielen höchst komischen Scenen. Nachdem die schönen Zöpfe abgeschnitten waren, wurden dieselben bei den meisten Compagnien vor der Front en parade, sorgfältig gerichtet, aufgestellt, welches vortrefflich von Statten ging, da in den Zöpfen kleine Stöcke von der normalmässigen Länge eingebunden waren. Die älteren Leute reclamirten ihre Zöpfe und waren im Begriff, dieselben als ein theures Andenken zu verpacken, während die jüngeren nun damit umgingen, ein Auto da fé zu veranstalten, dem die Befehlshaber wegen des abscheulichen Gestankes, den die Haare verbreiteten, Einhalt thaten, und dem zuletzt ein speculativer Haarkräusler durch ein sehr annehmbares Gebot für Zopf und Band, ein Ende machte. Die alten Wachtmeister waren an diesem Tage nicht wie sonst mit gutem Beispiel vorangegangen und der Aelteste unter ihnen hatte seinen Zopf gerettet, da kein Untergebener den Muth hatte, sich an dem seit 40 Jahren sorgfältig gepflegten Heiligthum zu vergreifen, und soviel ich mich erinnere, kein ausdrücklicher Befehl zum sofortigen Abschneiden erlassen war. Wäre der alte Herr Feldmarschall gewesen, so hätte er gewiss, wie St. Cyr, seinen Zopf, um den ihn unser Muthwille brachte, mit ins Grab genommen. Seine Verdienste blühten aber im Stillen, und so kam es denn, dass der Lieute-

h. Soweit ich mich erinnere, waren nach der Campagne 1809 die sogenannten Pack – und Kessel-Pferde abgeschafft worden, und jede Eskadron hatte 1812 einen Bagagewagen bei sich, auf dem die Kochkessel mitgeführt wurden.

Die Offiziere hatten ihre Equipagestücke auf ihren Handpferden bei sich, und es befanden sich also nur beim Stabe des Regiments und beim Stabe der Eskadronen ein sogenannter Deckelwagen. Von den 10 Deckelwagen, welche die beiden Regimenter mit sich führten, blieben schon 6 in Mohilew stehen und nur einige dieser Wagen erreichten das Schlachtfeld bei Borodino; dagegen kam es der Brigade sehr zu Statten, dass am Abend vor der Schlacht ein Theil der Bagage (die aus einer Menge von kleinen Polnischen Fuhrwerken bestand) dieselbe einholte, und es fehlte daher grade an diesem Abend nicht ganz an Lebensmitteln und Branntwein; auch befand sich noch Hafer und Korn

---

nant v. Thielau den schlafenden Löwen beschlich und ihn seiner schönsten Zierde beraubte. Wir standen zwar alle in sehr gutem Vernehmen mit dem Herrn Wachtmeister, allein der Lieutenant v. Thielau erfreute sich besonders seiner Gunst; denn der Wachtmeister hatte ihm als Junker zu Pferd und zu Fuss den Dienst beigebracht, viele gute Lehren über die Handhabung der Disciplin, die Pflege und Dressur der Pferde, mit auf den Weg gegeben, und ihn überhaupt zum Kavallerie-Offizier ausgebildet, ein Geschäft, das zu jener Zeit noch vorzugsweise den Wachtmeistern und resp. Estandarten-Junkern und nicht den Feldpredigern zugemessen war. Als der alte würdige Lehrmeister nun erwachte, griff er zuvörderst nach seinem Zopfe, sprang aber, als er sich von der schmählichen Amputation überzeugte, von seinem Lager auf und fragte in barschem Tone: »Wer von Euch hat sich diess unterfangen? Heraus damit!« Die Antwort eines Reiters: »Es waren der Herr Lieutenant v. Thielau«, besänftigte aber sofort den alten Krieger, der nie den gebührenden Respect gegen einen Vorgesetzten vergass, und er sagte nun: »Wenn es der Herr Lieutenant gethan haben, dann ist es recht.« Keiner der herumliegenden Reiter wagte, eine Miene zu verziehen, und der alte Wachtmeister sagte nur im ernsten, aber bescheidenen Tone: »Herr Lieutenant, ich wollte gehorsamst um meinen Zopf gebeten haben; das Band ist mir zwar geliefert, aber die Haare sind mein Eigenthum. Ich will sie zum Andenken bewahren.«

in vielen Futtersäcken, so dass wohl der grösste Theil der Pferde etwas zu fressen bekam.

Ueber den Zustand und die Organisation der beiden Westfälischen Cuirassier-Regimenter weiss ich nur anzugeben, dass sie wie die Französischen Cuirassiere ausgerüstet und organisirt waren. Die Mannschaft bestand zum grossen Theil aus sehr kräftigen Leuten, die theilweise früher schon in Hessischen, Hannoverschen und Preussischen Diensten gestanden hatten, und die Regimenter waren sehr gut beritten. Dasselbe konnte man füglich von dem Polnischen Cuirassier-Regimente sagen, denn es hatte sehr grosse Polnische Pferde, und es fehlte nicht an Offizieren und Leuten, die mehrere Feldzüge mitgemacht hatten.

§. 18.

Nach der Uebersicht, welche der Oberst-Lieutenant v. Plotho geliefert hat, sind 526 Eskadronen von Napoleon 1812 gegen Russland aufgeboten worden, und ich habe (§. 3.) zwar angeführt, dass bei Borodino nur 339 Eskadronen bei der Armee, die Napoleon selbst befehligte, vorhanden waren. Aus der Vergleichung mehrerer Schriftsteller geht indess hervor, dass der Oberst-Lieutenant von Plotho das Westfälische Regiment Garde-Chevauxlegers und das 7. Polnische Ulanen-Regiment (beim 4. Kavallerie-Corps) nicht mit berechnet hat; wodurch 8 Eskadrons hinzukommen und die Gesammtzahl sich auf 534 Eskadrons steigert.

Aus nachstehender Uebersicht ergiebt es sich nun, dass höchst wahrscheinlich 355 Eskadronen gegen Moskau vorrückten und nur 179 Eskadrons bei den Armee-Corps, die Napoleon zurückliess, verwendet worden sind.

In der Schlacht an der Moskwa war bei der Armee Napoleons anwesend:

I. Die Garde-Kavallerie,

unter dem Marschall Bessières,

war mit 12 Geschützen versehen, und es befanden sich bei derselben (nach Pelets Angabe) die Divisions-Generale Guyot, St. Sulpice und Walther, und die Brigade-Generale Colbert und Krasinsky. Der Oberst-Lieutenant v. Plotho berechnet zwar die Garde-Kavallerie mit 35 Eskadronen; da er jedoch ein 3. Garde-Ulanen-Regiment mit aufführt, welches, wie ich glaube, noch in Warschau zurückgeblieben war, und ferner 3 Eskadronen Portugiesische Chasseurs, ½ Eskadron Ehrengarde des Prinzen von Borghese, ½ Eskadron Ehrengarde des Grossherzogs von Toskana in Anrechnung bringt, von denen mir nichts Näheres bekannt ist, so habe ich es für angemessen erachtet, diese 8 Eskadronen abzuziehen und die Garde-Kavallerie, wie folgt, mit 27 Eskadronen in Rechnung zu stellen:

1. Brigade (General St. Sulpice).

Grenadiers à cheval	4 Eskadr.
Garde-Dragoner	4 „

2. Brigade (General Guyot).

Chasseurs der Garde	4 „
Mamelucken	1 „

3. Brigade (General Colbert).

1. Garde-Ulanen-Regiment (Polen) . .	4 „
2. Garde-Ulanen-Regiment (Holländer) .	4 „

Dem Hauptquartier attachirt:

Gensd'armes d'Elite	2 „
7. Chasseur- (Lancier-) Regiment . .	4 „

Summa 6 Regimenter. 27 Eskadr.
(resp. 31 Eskadr.)

II. Die Reserve-Kavallerie,

unter dem Befehl des Königs von Neapel,

war mit 86 Geschützen versehen. Sie bestand aus nachstehenden Kavallerie-Corps, welche in 53 Regimenter oder 212 Eskadronen eingetheilt waren:

A. Dem I. Kavallerie-Corps,

von Nansouty befehligt, welches 3 Divisionen stark war.

a. 1. leichte Kavallerie-Division, General Bruyère, 6 Geschütze.

3. leichte Brigade (General Jacquinot).

	Esk.	Reg.	Esk.
7. Husaren-Regiment	4		
9. Chasseur- (Lancier-) Regiment . .	4		

4. leichte Brigade (General Piré).

16. Chasseur-Regiment	4		
8. Husaren-Regiment	4		

15. leichte Brigade (General Roussel [Gen. Niewiewsky]).

6. Polnische Ulanen-Regiment	4		
8. Polnische Ulanen-Regiment	4		
Das Preussische Husaren-Regiment . .	4	7	28

v. Plotho und Pelet geben die Stärke dieser Divisionen wie oben an, in mehreren andern Schriften ist indess das 9. Chasseur- (Lancier-) Regiment und das 8. Polnische Ulanen-Regiment ausgelassen.

b. 1. Cuirassier-Division, General St. Germain, 7 Geschütze.

1. Brigade (Gen. Bessières und 2. Gen. Bruno).

2. Cuirassier-Regiment	4		
3. Cuirassier-Regiment	4		
	8		
		7	28

	Esk.	Reg.	Esk.
	8	7	28

3. Brigade (General Queunot)

9. Cuirassier-Regiment	4	
1. Chasseur- (Lancier-) Regiment . .	4	
	4	16

c. 5. Cuirassier-Division, General Valence,
12 Geschütze.

1. Brigade (Gen. Reynaud und 2. Gen. Dejean).

6. Cuirassier-Regiment	4	
11. Cuirassier-Regiment	4	

3. Brigade (General Delagrange).

12. Cuirassier-Regiment	4	
5. Chasseur- (Lancier-) Regiment . .	4	
	4	16

Das Corps bestand also aus Summa Summarum 15 60 und war mit 25 Geschützen versehen.

Warum Brigaden vorhanden waren, die nur ein Cuirassier-Regiment stark waren, habe ich nicht ermitteln können.

B. Dem II. Kavallerie-Corps,

von Montbrun befehligt, welches 3 Divisionen stark war.

a. Die 2. leichte Kavallerie-Division von General Sebastiani.

7. leichte Brigade (General St. Génies).

	Esk.	Reg.	Esk.
11. Chasseur-Regiment	4		
12. Chasseur-Regiment	4		

8. leichte Brigade (General Baurth).

5. Husaren-Regiment	4		
9. Husaren-Regiment	4		

16. leichte Brigade (General Suberwiec).

10. Polnische Husaren-Regiment . . .	4		
3. Würtembergische Jäger-Regiment .	4		
Das Preussische Ulanen-Regiment . .	4		
		7	28

b. Die 2. Cuirassier-Division von General
             Wathier.

   1. und 2. Brigade (General Caulincourt).

5. Cuirassier-Regiment 4

8. Cuirassier-Regiment 4

        3. Brigade (General Richter).

10. Cuirassier-Regiment 4

2. Chasseur- (Lancier-) Regiment . . 4

                               4 16

Der General Pelet führt die Brigade-
Generale Beaumont, Dornez und Richter auf.

  c. Die 4. Cuirassier-Division von Ge-
       neral Defrance.

   1. Brigade (Gen. Berkheim) und 2. (Gen.
           L'Eritage).

1. Carabinier-Regiment 4

2. Carabinier-Regiment 4

       3. Brigade (Gen. Ornano).

1. Cuirassier-Regiment 4

4. Chasseur- (Lancier-) Regiment . . 4

                               4 16

Der General Pelet führt die Brigade-
Generale Chouard, Paultre und Bour-
sier auf.

     Das Corps bestand also aus. 15 60
und war mit 27 Geschützen versehen.

     Die leichte Kavallerie-Division befand sich nach
Pelet am 2. September nicht beim Corps, war aber am
6. September wieder eingetroffen; wer dieselbe in der
Abwesenheit von Sebastiani commandirte, ist nicht bestimmt zu ermitteln.

     Der General Montbrun blieb, General Wathier wurde
verwundet und der General Caulincourt übernahm viel-

leicht das Commando, weil die Division von Defrance nicht in der Nähe stand oder dieser Divisions-General ebenfalls verwundet war. (?) Der General Ornano war für seine Person zum Armee-Corps des Vice-Königs commandirt.

C. Dem III. Cavallerie-Corps,
von Grouchy befehligt.

a. Die 3. leichte Kavallerie-Division, von General Chastel, 3 Geschütze.

10. leichte Brigade (Gen. Gauthrin).

	Esk.	Reg.	Esk.
6. Chasseur-Regiment	4		
8. Chasseur-Regiment	4		
11. leichte Brigade (Gen. Gerard).			
6. Husaren-Regiment	4		
25. Chasseur-Regiment	4		
17. leichte Brigade (Gen. Domanget).			
1. Bayrische Chevauxlegers-Regiment .	4		
2. Bayrische Chevauxlegers-Regiment .	4		
Das Sächsische Regiment Prinz Albrecht Chevauxlegers	4		
		7	28

b. Die 6. Division schwere Kavallerie, Gen. La Haussaye, 7 Geschütze.

1. Brigade (Gen. Thiry).

	Esk.	Reg.	Esk.
7. Dragoner-Regiment	4		
23. Dragoner-Regiment	4		
2. Brigade (Gen. Seron).			
28. Dragoner-Regiment	4		
30. Dragoner-Regiment	4		
		4	16

Das Corps bestand also aus 11 44 und war mit 10 Geschützen versehen.

Die 3. Cuirassier-Division (Dumerc) gehörte zwar zum Corps, wurde aber dem Armee-Corps von Oudinot

attachirt und focht hei Polozk unter St. Cyr und endlich an der Beresina.

D. Das IV. Kavallerie - Corps,
von Latour-Maubourg befehligt.

a. Die 4. Division leichte Kavallerie, Gen. Rozniecky,
12 Geschütze.

28. leichte Brigade (Gen. Dziemanowsky).

	Esk.	Reg.	Esk.
7. Polnische Ulanen-Regiment	4		
2. Polnische Ulanen-Regiment	4		
15. Polnische Ulanen-Regiment . . .	4		
16. Polnische Ulanen-Regiment . . .	4		

29. leichte Brigade (Gen. Turno).

3. Polnische Ulanen-Regiment	4		
11. Polnische Ulanen-Regiment . . .	4		
17. Polnische Ulanen-Regiment . . .	4		
		7	28

b. Die 7. Cuirassier-Division, General
Lorge, mit 12 Geschützen.

1. Brigade (Gen.-Lieut. Thielemann) [90].

Das Sächsische Regiment Garde du Corps (8 Comp.)	4		
Das Sächsische Regiment v. Zastrow Cui-rassier (8 Comp.)	4		
14. Polnische Cuirassier-Regim. (4 Comp.)	4		

2. Brigade (Gen. Lepel).

1. Westfälische Cuirassier-Reg. (8 Comp.)	4		
2. Westfälische Cuirassier-Reg. (8 Comp.)	4		
		5	20

Das Corps bestand also aus 12 48
und führte 24 Geschütze mit.

---

[90]) Das Sächsische Regiment Prinz Albrecht Chevauxlegers gehörte
eigentlich zu dieser Brigade und bestand aus 30 Offizieren, 628 Mann und

Das 14. Polnische Cuirassier-Regiment ist irrthüm-
lich mehrfach als Ulanen-Regiment angegeben, und war
nicht vollzählig; das 7. Ulanen-Regiment ist von mehreren Schriftstellern ausgelassen.

III. Den Infanterie-Corps waren zugetheilt:

A. Unter General Girardin vereinigt.

a. Zum I. Armee·Corps (Davoust) gehörig.

1. leichte Brigade (Gen. Pajol).

	Esk.	Reg.	Esk.
2. Chasseur-Regiment	4		
9. Polnische Ulanen-Regiment	4		
2. leichte Brigade (Gen. Bordesoul).			
1. Chasseur-Regiment	4		
3. Chasseur-Regiment	4		
		4	16

b. Zum III. Armee-Corps (Ney) gehörig.

9. leichte Brigade (Gen. Mouriez).

	Esk.	Reg.	Esk.
11. Husaren-Regiment	4		
6. Chasseur- (Lancier-) Regiment . .	4		
4. Chasseur-Regiment	4		

14. leichte Brigade mit 6 Geschützen versehen (Gen. Beurmann).

	Esk.	Reg.	Esk.
1. Würtembergische Chevauxlegers-Reg.	4		
(Prinz Heinrich.)			
2. Würtembergische Chevauxlegers-Reg.	4		
(Gen. Normann.)			
3. Würtembergische Jäger-Regiment .	4		
(Prinz Louis.)			
		6	24

Unter Girardin also vereinigt Summa . 10 40
mit 6 Geschützen (nach Pelet zu urtheilen).

---

605 Dienstpferden. Dasselbe wurde auf Befehl des Kaisers an das 3. Kavallerie-Corps abgegeben und an dessen Stelle das Polnische Cuirassier-
Regiment Nr. 14 der Sächsischen Cuirassier-Brigade zugetheilt.

11 *

Hierbei ist aber zu bemerken, dass die Würtembergische Kavallerie von Plotho als eine Division unter General Welwarth und mit den Brigade – Generalen Breuning und Walsleben aufgeführt ist.

Auch die Dragoner-Brigade Cavaignac gehörte zum Armee – Corps von Davoust, kam aber erst Ende December auf dem Rückzuge zur Armee.

B. Beim IV. Armee - Corps (Vice - König von Italien) befanden sich:

a. Unter dem General Ornano vereinigt.

12. leichte Brigade (General Ferrière).

	Esk.	Reg.	Esk
9. Chasseur – Regiment	4		
19. Chasseur-Regiment	4		

13. leichte Brigade (Gen. Villata).

2. Italienische Chasseur – Regiment . .	4		
3. Italienische Chasseur – Regiment . .	4		
		4	16

b. Italienische Garde - Kavallerie.

General Triaire.

Italienische Garde–Dragoner-Regiment .	4		
Dragoner-Regiment der Königinn . . .	4		
		2	8

c. Bayrische Kavallerie, die eigentlich zum VI. Armee-Corps unter St. Cyr gehörte, mit 6 Geschützen.

21. leichte Brigade (Graf Seydewitz).

3. Bayrische Chevauxlegers-Regiment .	4		
6. Bayrische Chevauxlegers-Regiment .	4		

22. leichte Brigade (Gen. Preising).

4. Bayrische Chevauxlegers-Regiment .	4		
5. Bayrische Chevauxlegers-Regiment .	4		
		4	16

Der Vice - König hatte demnach an Kavallerie in Summa . . . . 10 40 mit 6 Geschützen versehen (nach Pelet).

C. Beim V. Armee - Corps (Poniatowsky)

befanden sich:

18. leichte Brigade (Gen. Niemoiewsky) und 19. leichte
Brigade (Gen. Tyskiewitz).

	Esk.	Reg.	Esk.
4. Polnische Chasseur-Regiment . . .	4		
1. Polnische Chasseur-Regiment . . .	4		
12. Polnische Ulanen-Regiment . . .	4		

20. leichte Brigade (Fürst Sulkowsky).

5. Polnische Chasseur-Regiment . . .	4		
13. Polnische Husaren-Regiment . . .	4		
Summa .		5	20

In mehreren Schriften ist das 1. Polnische Chasseur-Regiment nicht mit verzeichnet und das Husaren-
Regiment unrichtig mit Nr. 15 angegeben.

D. Beim VIII. Armee - Corps (Junot):

24. leichte Brigade (Gen. v. Hammerstein).

	Esk.	Reg.	Esk.
1. Westfälisches Husaren-Regiment . .	4		
2. Westfälisches Husaren-Regiment . .	4		

Westfälische Garde - Kavallerie (Gen. Wolf).

Das Garde-Chevauxlegers-Regiment . .	4		
Summa .		3	12

nebst 2 Geschützen.

Recapitulation

der in der Schlacht von Borodino anwesenden Kavallerie.

	Reg.	Esk.	Gesch.	Reg.	Esk.	Gesch.
I. Garde-Kavallerie				6	31	12
II. Reserve-Kavallerie unter dem König von Neapel						
A. Das I. Kavall.-Corps	15	60	25			
B. „ II. „ „	15	60	27			
C. „ III. „ „	11	44	10			
D. „ IV. „ „	12	48	24	53	212	86
				59	243	98

	Reg.	Esk.	Gesch.	Reg.	Esk.	Gesch.
				59	243	98

III. Den Infanterie-Corps
   zugetheilt

A. Unter General Girardin bei Davoust (I. Armee-Corps)	10	40	6
B. Beim Vice-König (IV. Armee-Corps . .	10	40	6
C. Bei Poniatowsky (V. Armee-Corps . .	5	20	—
D. Beim VIII. Armee-Corps (Junot) . .	3	12	2

	28	112	14
	87	355	112

Es waren bei den Armee-Corps zurückgeblieben,
wie folgt:

A. Von der Garde in Warschau:

3. Garde-Ulanen-Regiment   4 Eskadronen.

B. Beim II. Armee-Corps, von Oudinot, und
VI. Armee-Corps, von St. Cyr befehligt, bei Polozk:

5. leichte Brigade (Gen. Castex).

	Esk.	Reg.	Esk.
7. Chasseur-Regiment	4		
23. Chasseur-Regiment	4		
24. Chasseur-Regiment	4		

6. leichte Brigade (Gen. Corbineau).

20. Chasseur-Regiment	4		
8. Polnische Ulanen-Regiment	4		

		5	20

	Esk.	Reg.	Esk.
		5	20

Die Cuirassier-Division Dumerc.

1. Brigade (Gen. N. N.).

4. Cuirassier-Regiment 4

7. Cuirassier-Regiment 4

2. Brigade (Gen. N. N.):

14. Chasseur- (Lancier-) Regiment . 4

12. Chasseur- (Lancier-) Regiment . 4

	Reg.	Esk.
	4	16
also in Summa . .	9	36

C. Beim VII. Armee-Corps (General Reynier) Sachsen.

Division: General-Lieutenant v. Funk.

24. Brigade (Gen. v. Gablenz).

	Esk.	Reg.	Esk.
Das Sächsische Husaren-Regiment . .	8		
Das Sächsische Chevauxlegers-Rgmt. Polenz	4		
Das Sächsische Ulanen-Rgmt. Prinz Clemens	4		
Summa . .		3	16

D. Beim IX. Armee-Corps unter Victor.

30. leichte Brigade (Gen. Delaitre).

	Esk.	Reg.	Esk.
Das Bergische Ulanen-Regiment . . .	4		
Das Hessen-Darmstädtische Dragoner-Regiment	4		

31. leichte Brigade (Gen. Fournier, zugleich Divisions-General).

	Esk.	Reg.	Esk.
Das Sächsische Dragoner-Regiment Prinz Johann	4		
Das Badische Husaren-Regiment . . .	4		
Summa . .		4	16

E. Beim X. Armee-Corps unter Macdonald.

General Massenbach.

1. Brigade (General Janret).

	Esk.	Reg.	Esk.
1. Preussische Husaren-Regiment . .	4		
3. Preussische Husaren-Regiment . .	4	2	8

	Esk.	Reg.	Esk.
		2	8

2. Brigade (Oberst Hünerbein).

1. Dragoner-Regiment	4	
2. Dragoner-Regiment	4	
Summa .		4 16

F. Beim XI. Armee-Corps (Augerau).

Die Dragoner-Brigaden unter Cavaignac, welche zum III. Armee-Corps (Ney) gehörten, aber erst im December eintrafen. Es finden sich die nachstehenden Regimenter in der Nachweisung von Plotho verzeichnet, meines Wissens erreichte aber nur ein Theil dieser Regimenter die Russische Gränze, das 2., 5., 12., 13., 14., 17., 19. und 20. Dragoner-Regiment,

	Reg.	Esk.	Reg.	Esk.
in Summa . .	8	32		
Die Grossherzoglich Würzburgschen Chevauxlegers		1		
Neapolitanische Ehrengarde . . .		2		
Neapolitanische Veliten		2		
Summa .			8	37

G. Das Oestreichische Hülfs-Corps
unter Fürst Schwarzenberg.

Divisions-Chef: General Graf Frimont.

1. Brigade (Schmelzer).

	Esk.	Reg.	Esk.
Erzherzog Johann Dragoner Nr. 1. . .	6		
Hohenzollern Chevauxlegers Nr. 2. . .	8		
Oreilly Chevauxlegers Nr. 3.	8		

2. Brigade (Gen. Fröhlich).

	Esk.	Reg.	Esk.
Kaiser Husaren Nr. 1.	8		
Hessen-Homburg Husaren Nr. 4. . . .	8		

3. Brigade (Zechmeister).

	Esk.	Reg.	Esk.
Blankenstein Husaren Nr. 6.	8		
Kienmeyer Husaren Nr. 8.	8		
Summa . .		7	54

Recapitulation.

		Reg.	Esk.
A.	Von der Kaiser-Garde in Warschau zurück	1	4
B.	Beim II. Armee-Corps (von Oudinot) Beim VI. Armee-Corps (von St. Cyr) zurück	9	36
C.	Beim VII. Armee-Corps (von Reynier)	3	16
D.	Beim IX. Armee-Corps (von Victor)	4	16
E.	Beim X. Armee-Corps (von Macdonald)	4	16
F.	Beim XI. Armee-Corps (von Augereau)	8	37
G.	Oestreichische Hülfs-Corps (Fürst Schwarzenberg	7	54
	Summa	36	179

	Reg.	Esk.
Bei der Armee Napoleons auf dem Marsch nach Moskau	87	355
Bei den verschiedenen Armee-Corps zurückgeblieben	36	179
Facit	123	534

§. 19.

Aus der vorstehenden Uebersicht geht hervor, dass die Kavallerie, welche Napoleon 1812 gegen Russland aufgeboten, aus 123 Regimentern bestanden hat, und dass in Summa 534 Eskadronen an dem Feldzuge Theil genommen haben.

		Reg.	Esk.	Reg.	Esk.
A.	Französische und Holländische Kavallerie			61	247
B.	1. Italienische Kavallerie	4	16		
	2. Neapolitanische Kavallerie	—	4		
	3. Portugiesische Kavallerie	—	3		
	4. Grossherzog von Toskana	—	½		
	5. Prinz von Borghese	—	½		
				4	24
				65	271

		Reg.	Esk.	Reg.	Esk.
				65	271
C.	1. Kaiserl. Oesterreichische Kavallerie	7	54		
	2. Königl. Preuss. Kavallerie .	6	24		
	3. Grossh. Warschau (Polen) .	20	80		
				33	158
D.	1. Königl. Sächsische Kavallerie	7	32		
	2. Königl. Bayrische Kavallerie	6	24		
	3. Königreich Westfalen . .	5	20		
	4. Königreich Würtemberg . .	4	16		
	5. Grossherzogthum Baden . .	1	4		
	6. Grossh. Hessen-Darmstadt .	1	4		
	7. Grossherzogthum Berg . .	1	4		
	8. Grossherzog von Würzburg .	—	1		
				25	105
	Summa .			123	534

Recapitulation.

	Reg.	Esk.	Reg.	Esk.
A. Franzosen und Holländer . . .			61	247
B. Italiener, Neapolitaner, Portugiesen	4	24		
C. Oestreicher, Preussen und Polen	33	158		
D. Vom Rheinischen Bunde . . .	25	105		
Summa der Alliirten .			62	287
Facit .			123	534

Nachweis

Offiziere der Königlich Sächsischen Brigade.

(Von dem Offizier-Corps des Polnischen Cuirassier-Regiments Malachowsky, welches nach der Detachirung des Sächsischen Chevauxlegers-Regiments Prinz Albrecht der Brigade zugetheilt wurde, fehlen die Nachrichten.)

A. Beim Stab der Brigade.

1. General–Lieutenant v. Thielemann (starb als commandirender General des 8. Armee-Corps).
2. Rittmeister Graf v. Seydewitz vom Regiment Garde-Cuirassiere (wurde in der Schlacht an der Moskwa erschossen).
3. Premier–Lieut. v. Minkwitz vom Regiment Zastrow-Cuirassiere (Königlich Sächsischer General–Lieutenant a. D.).
4. Seconde–Lieut. Roth von Schreckenstein vom Regiment Zastrow–Cuirassiere (Königlich Preussischer General-Lieutenant und commandirender General des 7. Armee-Corps).
5. Sec.–Lieut. v. Goiejewsky vom Polnischen Cuirassier-Regiment (wurde in der Schlacht an der Moskwa tödtlich verwundet und starb).

B. Regiment Garde du Corps.

1. Oberst v. Leyser (wurde in der Schlacht an der Moskwa schwer blessirt und gefangen; starb als General-Lieutenant a. D.).

2. Major v. Löffelholz (wurde in der Schlacht an der Moskwa blessirt und starb auf dem Rückzuge in Königsberg).

3. Major v. Brandenstein (Oberst a. D.)

4. Major v. Hoyer (blieb in der Schlacht an der Moskwa).

5. Rittmeister v. Berge (im J. 1814 als Major todtgeschossen).

6. Rittmeister v. König (in der Schlacht an der Moskwa verwundet und starb nach der Rückkehr).

7. Rittmeister Senfft v. Pilsach (General-Lieut. a. D.).

8. Rittmeister v. Böhlau (Oberst a. D.).

9. Rittmeister v. Goldacker (soll in der Gegend von Smolensk umgekommen sein).

10. Rittmeister v. Heldreich (starb auf dem Rückzuge).

11. Rittmeister v. Tietzen und Hennig (in der Schlacht an der Moskwa und später noch ein Mal verwundet. Königl. Preussischer General-Lieutenant und commandirender General des 5. Armee-Corps).

12. Premier-Lieut. v. Budberg (starb auf dem Rückzuge zu Insterburg).

13. Premier-Lieut. v. Kirchbach I. (in der Schlacht an der Moskwa verwundet und starb).

14. Premier-Lieut. und Regiments-Adjutant v. Feilitsch (in der Schlacht an der Moskwa geblieben).

15. Premier-Lieut. v. Kirchbach II. (in der Schlacht an der Moskwa blessirt und starb an den Wunden).

16. Premier-Lieut. v. Berlepsch (soll auf dem Rückzuge in Gumbinnen gestorben sein).

17. Sec.-Lieutenant v. Bärenstein (soll an der Beresina um's Leben gekommen sein).

18. Sec.-Lieutenant v. Raysky (soll auf dem Rückzuge in Kowno gestorben sein).

19. Sec.-Lieutenant v. Schönberg (soll auf dem Rückzuge zu Elbing gestorben sein).

20. Sec.-Lieutenant v. Klengel (soll hei Borisow umgekommen sein).

21. Sec.-Lieutenant v. Kuntsch (seit Borisow vermisst und starb in Russland).

22. Sec.-Lieutenant Graf v. Ronnow (in der Schlacht an der Moskwa verwundet und ist an der Beresina umgekommen).

23. Sec.-Lieut. v. Burkersrode (war Ordonnanz-Offizier beim General Latour-Maubourg und starb als Königl. Pr. Major a. D.

24. Sec.-Lieutenant v. Qualen (in der Schlacht an der Moskwa verwundet, kam an der Beresina um's Leben).

25. Sec.-Lieut. v. Biedermann (in der Schlacht an der Moskwa als Ordonnanz-Offizier des Generals Latour-Maubourg todtgeschossen).

26. Sec.-Lieut. v. Wietersheim (in der Schlacht an der Moskwa blessirt und gefangen).

27. Sec.-Lieutenant v. Polenz (in der Schlacht an der Moskwa blessirt und starb an den Wunden).

28. Sec.-Lieut. Graf v. Hagen (in der Schlacht an der Moskwa blessirt und starb an den Wunden).

C. Regiment Zastrow-Cuirassiere.

1. Oberst v. Trützschler (wurde in der Schlacht an der Moskwa verwundet und starb auf dem Rückzuge).

2. Oberst-Lieutenant v. Selmnitz (in der Schlacht an der Moskwa todtgeschossen).

3. Major v. Nerhoff (starb nach der Rückkehr als Oberst-Lieutenant a. D.).

4. Major v. Welzien (in der Schlacht an der Moskwa verwundet und starb in der Gegend von Mohilew).

5. Major v. Schönfeld (in der Schlacht an der Moskwa verwundet, starb in Marienwerder).

6. Major Hoffmann v. Altenfels (wurde verwundet und starb bald nach der Rückkehr).

7. Rittmeister v. Feilitsch (starb bald nach der Rückkehr).

8. Rittmeister v. Görne (starb, nach einer Reihe von Jahren, als Major a. D.).

9. Rittmeister v. Metzrath (starb als Major 1814).

10. Rittmeister v. Schlieben (in der Schlacht an der Moskwa verwundet, starb vor einigen Jahren in Düben als Major a. D.).

11. Rittmeister v. Schaller (gerieth später in Gefangenschaft und starb in Russland).

12. Rittmeister Graf v. Oertzen (wurde in der Schlacht an der Moskwa todtgeschossen).

13. Rittmeister v. Normann (kam auf dem Rückzuge in der Gegend von Wilna um's Leben).

14. Premier-Lieut. v. Kirchbach (soll in Russland gestorben sein).

15. Premier-Lieut. v. Beulwitz (gerieth verwundet in Gefangenschaft).

16. Premier-Lieut. Scheffel (in der Schlacht an der Moskwa verwundet, Königlich Sächsischer Oberst-Lieutenant a. D.).

17. Premier-Lieut. und Regiments-Adjutant Meerheim (in der Schlacht an der Moskwa verwundet, Oberst a. D.).

18. Premier-Lieut. Reimann (in der Schlacht an der Moskwa verwundet, starb als Königl. Preussischer Major a. D.).

19. Seconde-Lieut. v. Hacke (in der Schlacht an der Moskwa todtgeschossen).

20. Sec.-Lieut. v. Schlieben (Ordonnanz-Offizier des Generals v. Lorge und starb als Rittmeister).

21. Sec.-Lieut. v. Mörner (starb auf dem Rückzuge).

22. Sec.-Lieut. v. Thielau (in der Schlacht an der Moskwa todtgeschossen).

23. Sec.-Lieut. v. Feilitsch (in der Schlacht an der Moskwa verwundet).

24. Sec.-Lieut. v. Budberg (kam an der Beresina um's Leben).

25. Sec.-Lieut. v. Watzdorff (in der Schlacht an der Moskwa todtgeschossen).

26. Sec.-Lieut. v. Metsch (gerieth an der Beresina in Gefangenschaft und starb).

27. Sec.-Lieut. v. Rockenthien (in der Schlacht an der Moskwa verwundet, kam an der Beresina um's Leben).

28. Sec.-Lieut. v. Hebestreit (war zum 7. Armee-Corps commandirt).

29. Sec.-Lieut. v. Seckendorff (kam auf dem Rückzuge um's Leben).

30. Sec.-Lieut. v. Bronikowsky (kam an der Beresina um's Leben).

31. Sec.-Lieut. v. Kosowsky (soll in der Gegend von Wilna umgekommen sein).

32. Sec.-Lieut. v. Altrock (wurde in der Schlacht an der Moskwa blessirt und starb sodann an den Wunden).

2 AP60

Münster, gedruckt mit Aschendorff'schen Schriften.

Lightning Source UK Ltd.
Milton Keynes UK
UKHW030647060223
416538UK00008B/428

9 781241 784126